Molière

SA VIE ET SES OEUVRES

PAR

JULES CLARETIE

PARIS

ALPHONSE LEMERRE, ÉDITEUR

27-29, PASSAGE CHOISEUL, 27-29

—

1873

Molière

Il a été tiré de ce livre :

300 Exemplaires sur papier vergé.
20   —   sur papier de Chine.
20   —   sur papier Whatman.

Tous ces exemplaires sont numérotés et paraphés par l'Éditeur.

AVANT-PROPOS

ES pages nouvelles sur Molière n'ont d'autre prétention que de faire aimer davantage le génie le plus français que nous possédions ; quant à espérer donner beaucoup d'*inédit* en un tel sujet, c'eût été certes présomptueux. Nous avons à la fois mis à profit les recherches des érudits de ce temps et les documents fournis par les contemporains de Molière. Ce travail, entrepris pour une satisfaction toute personnelle, nous a causé une certaine joie à mener à bonne fin, nous ajouterons aussi un véritable profit. On gagne toujours en effet quelque chose à fréquenter Molière, et peut-être même n'aurons-nous pas fait une œuvre complétement inutile aux autres si nous avons réussi à vulgariser les louables travaux de chercheurs

qui s'adressent trop exclusivement à quelques-uns et dédaignent le grand public, celui pour lequel Molière lui-même écrivait et celui qui, encore aujourd'hui, applaudit à la gloire de Molière.

J. C.

PRÉFACE

IMER *Molière, — j'entends l'aimer sincèrement et de tout cœur, — c'est, savez-vous? avoir une garantie en soi contre bien des défauts, bien des travers et des vices d'esprit. C'est ne pas aimer d'abord tout ce qui est incompatible avec Molière, tout ce qui lui était contraire en son temps, ce qui lui eût été insupportable du nôtre.*

Aimer Molière, c'est être guéri à jamais, je ne parle pas de la basse et infâme hypocrisie, mais du fanatisme, de l'intolérance et de la dureté en ce genre, de ce qui fait anathématiser et maudire; c'est apporter un correctif à l'admiration même pour Bossuet et pour tous ceux qui, à son

image, triomphent, ne fût-ce qu'en paroles, de leur ennemi mort ou mourant; qui usurpent je ne sais quel langage sacré et se supposent involontairement, le tonnerre en main, au lieu et place du Très-Haut. Gens éloquents et sublimes, vous l'êtes beaucoup trop pour moi.

Aimer Molière, c'est être également à l'abri et à mille lieues de cet autre fanatisme politique, froid, sec et cruel, qui ne rit pas, qui sent son sectaire, qui, sous prétexte de puritanisme, trouve moyen de pétrir et de combiner tous les fiels et d'unir dans une doctrine amère les haines, les rancunes et les jacobinismes de tous les temps. C'est ne pas être moins éloigné, d'autre part, de ces âmes fades et molles qui, en présence du mal, ne savent ni s'indigner ni haïr.

Aimer Molière, c'est être assuré de ne pas aller donner dans l'admiration béate et sans limite pour une humanité qui s'idolâtre et qui oublie de quelle étoffe elle est faite, et qu'elle n'est toujours, quoi qu'elle fasse, que l'humaine et chétive nature. C'est ne pas la mépriser trop pourtant, cette commune humanité dont on rit, dont on est, et dans laquelle on se replonge chaque fois avec lui par une hilarité bienfaisante.

Aimer et chérir Molière, c'est être antipathique à toute manière dans le langage et l'expression; c'est ne pas s'amuser et s'attarder aux grâces mignardes, aux finesses cherchées, aux coups de pinceau léchés, au marivaudage en aucun genre, au style miroitant et artificiel.

Aimer Molière, c'est n'être disposé à aimer ni le faux bel esprit, ni la science pédante; c'est savoir reconnaître à première vue nos Trissotins et nos Vadius jusque sous leurs airs galants et rajeunis; c'est ne pas se laisser prendre aujourd'hui plus qu'autrefois à l'éternelle Philaminte, cette précieuse de tous les temps, dont la forme seulement change, et dont le plumage se renouvelle sans cesse; c'est aimer la santé et le droit sens de l'esprit chez les autres comme pour soi.

SAINTE-BEUVE.

Molière est si grand, que chaque fois qu'on le relit on éprouve un nouvel étonnement. C'est un homme unique; ses pièces touchent à la tragédie, elles saisissent et personne en cela n'ose l'imiter... Tous les ans, je lis quelques pièces de Molière, de même que de temps en temps je contemple les gravures d'après de grands maîtres italiens. Car de petits êtres comme nous ne sont pas capables de garder en eux la grandeur de pareilles œuvres; il faut que de temps en temps nous retournions vers elles pour rafraîchir nos impressions (12 mai 1825).

... Quel homme que Molière! quelle âme grande et pure! — Oui, c'est là le vrai mot que l'on doit dire sur lui : c'était une âme pure! En lui rien de caché, rien de difforme. Et quelle grandeur! Il gouvernait les mœurs de son temps; au contraire Iffland et Kotzebue se laissaient gouverner par les mœurs du leur; ils n'ont pas su les franchir et s'élancer au delà. Molière montrait aux hommes ce qu'ils sont pour les châtier (29 janvier 1826).

...Je connais et j'aime Molière depuis ma jeunesse et pendant toute ma vie j'ai appris de lui... Ce n'est pas seulement une expérience d'artiste achevé qui me ravit en lui; c'est surtout l'aimable naturel, c'est la haute culture de l'âme du poëte. Il y a en lui une grâce, un tact des convenances, un ton délicat de bonne compagnie que pouvait seule atteindre une nature comme la sienne, qui, étant née belle par elle-même, a joui du commerce journalier des hommes les plus remarquables de son siècle. De Ménandre je ne connais que quelques fragments; mais ils me donnent de lui une si haute idée, que je tiens ce grand Grec pour le seul homme qui puisse être comparé à Molière (28 mars 1827).

GOETHE.

Je me figure que Dieu, dans sa bonté, voulant donner au genre humain le plaisir de la comédie, créa Molière et le laissa tomber sur terré en lui disant : « Homme, va peindre, amuser, et, si tu peux, corriger tes semblables. » Il fallait bien qu'il descendît sur quelque point du globe, de ce côté du détroit ou bien de l'autre, ou bien ailleurs. Nous n'avons pas été favorisés, nous autres Anglais; c'est de votre côté qu'il est tombé. Mais il n'est pas plus à vous, Français, qu'à personne, il appartient à l'univers[1].

KEMBLE.

1. Anecdote contée par M. Auger et citée par M. Paul Albert. Cette opinion *humouristique* de l'acteur anglais vaut bien celle d'un critique allemand ou français.

MOLIÈRE

I

LA SEMAINE DE MOLIÈRE.

ous les ans, lorsqu'arrive cette date du 15 janvier, anniversaire du jour où Molière naquit, le premier et le second Théâtre-Français fêtent d'ordinaire l'auteur de *Tartuffe*. Les poëtes célèbrent le grand comique, les comédiens viennent saluer son image. C'est *la Semaine de Molière*, et l'immortel semble vivant durant de tels jours.— Cette fois, et dans l'année que nous traversons, *la Semaine de Molière* était plus funèbre, mais elle eut dû être plus solennelle. 1873 est le deux centième anniversaire de la mort de Molière.

La France littéraire eut dû, ce semble, saluer respectueusement une telle date, car plus que jamais il nous faut aujourd'hui honorer, respecter, mettre en lumière les véritables gloires qui nous restent. Nous ressemblons assez, à l'heure qu'il est, à un prodigue en état de ruine passagère, prodigue non plus jeune, mais vieilli et qui compte et recompte tristement ce qui lui reste de sa fortune gaspillée. Ce qui nous reste? Bien des choses après tout, fort heureusement, et avant toutes les autres, la beauté inaltérée de ces maîtres du théâtre : Racine, toujours humain, Corneille, toujours altier, Molière, toujours vivant. C'est par ce côté-là que, loin de faire pitié au vainqueur ou aux spectateurs de notre défaite, nous leur faisons encore envie. Le génie de la France, tel qu'il apparaît à travers l'histoire, brûlant et brillant à la fois, sain, vigoureux et clair, resplendit tout entier, en effet, dans ces œuvres d'une éternelle jeunesse, qui nous font bien mesurer toute la distance qui sépare l'engouement et le succès passager de la gloire durable.

C'est une joie que de se retremper dans leur contemplation et leur spectacle, une joie que les lettrés ne ressentent pas seuls, à coup sûr, puisque ces représentations font salle comble et que nos théâtres nationaux rencontreront le même succès toutes les fois qu'ils opposeront ces œuvres de forte complexion aux productions nerveuses ou maladives d'aujourd'hui. Notons ce symptôme excellent : le public accourt dès qu'on lui annonce Molière. Après tant de jours sombres, il veut rire, mais rire largement, pleinement, non point du bout des lèvres, mais du fond du cœur. Ce langage franc, loyal, sonnant l'or pur, le ranime et lui plaît. L'opérette, cette fièvre d'hier, semble avoir rencontré la pierre d'achoppement et la comédie a retrouvé la pierre philosophale : c'est déjà là, pour nous, une première consolation. Je me trompe peut-être, mais j'espère, à cette heure, qu'un vent rafraîchissant va souffler, et que, pour peu que les esprits s'apaisent, cette terre française est encore assez riche, généreuse et pleine de suc nourricier pour faire pousser et lever une génération, une moisson d'hommes, une légion nouvelle de penseurs.

Mais, du moins, n'oublions point nos gloires d'hier; si nous voulons voir demain fleurir des gloires inconnues.

Le 17 février 1873, à dix heures du soir, il y avait juste deux cents ans que Molière était mort, âgé de cinquante et un ans, un mois et deux jours. C'était là le cas ou jamais, pour nos théâtres littéraires et subventionnés, de rendre à un tel génie un hommage suprême et de célébrer publiquement sa gloire. Ni la Comédie-Française, ni l'Odéon n'y ont songé. Le Théâtre-Français avait donné, le jour du mardi gras, son spectacle habituel du carnaval, le *Malade imaginaire*, accompagné de la cérémonie; ce même jour, on avait représenté, aux Matinées littéraires de la Gaîté, le *Bourgeois gentilhomme*, suivi du *Passe-Pied,* qu'on ne met en scène que dans les grandes occasions. Mais ç'a été là tout le bruit qu'on a fait autour de ce grand nom à l'occasion du deux centième anniversaire de cette mort. On a laissé passer la date funèbre du 17 février sans la fixer, sans la marquer par une sorte d'apothéose, et Molière doit attendre les fêtes qu'organise M. Ballande en son honneur pour obtenir en France cet hommage national que Shakspeare obtint en Angleterre et que l'Allemagne décerna, il y a quelques années, à Schiller.

Je me trompe. L'anniversaire de Molière a été célébré en province, par quelques poëtes et quelques comédiens moins autorisés que les artistes de la Comédie-Française. Il y a eu, du moins, en un coin de ce pays, quelqu'un pour se souvenir que de tels anniversaires ne doivent pas être passés sous silence. Mieux que cela : tandis que les théâtres français oubliaient de célébrer le *centenaire* de Molière, des étrangers, — des Allemands pour ainsi dire, — fêtaient, à Vienne, le souvenir de celui qu'on oubliait ici. C'est là à la fois comme une leçon donnée à notre ingratitude officielle et comme un hommage rendu à cet impérissable génie français, fait de clarté et de vigueur, hardi, joyeux et sain, éternel comme la lumière.

On a donc joué, le 17 février 1873, sur le *Burg-Theater* de Vienne, l'*Avare*, de Molière, avec un luxe de mise en scène et une solennité remarquables. A l'heure où Paris laissait échapper cette occasion d'une soirée superbe, la ville autrichienne la saisissait avec une ardeur qui l'honore. Elle célébrait, en lui donnant ce nom, la *fête de Molière*, que nous ne chômions plus. Un artiste éminent, M. Lewinski, habitué aux grands rôles du répertoire classique, aux personnages de Schiller, de Gœthe, de Shakspeare, avait tenu à aborder, pour la première fois, avec Harpagon, le répertoire comique. Le rôle lui a porté bonheur. « M. Lewinski a fait d'Harpagon, dit un journal autrichien, *un avare bonhomme, qui cependant finit par entendre raison.* » La troupe tout entière, à ses côtés, a été vivement applaudie ; puis, l'*Avare* une fois représenté, le rideau s'est levé sur le buste de Molière entouré de tous les artistes, revêtus des costumes de Scapin, de Sganarelle, de George Dandin, de Mascarille, d'Alceste, de Tartuffe, de Dorine, de Nicole, de Célimène, etc. M. Lewinski s'est avancé et a lu, aux bravos du public, une longue poésie, composée par lui. Peut-être y avait-il des bravos pour la pauvre France dans ceux qui accueillaient le nom et saluaient le souvenir de ce grand Français !

Pour donner une idée de la portée de cette soirée littéraire à Vienne, je ne saurais mieux faire que de reproduire ici l'étude spéciale qu'avait consacrée à Molière, en manière de préface à cette solennité, un des plus remarquables écrivains de la *Presse*, de Vienne, M. Lauser, auteur d'un ouvrage, célèbre en Autriche, sur la révolution ibérique de 1868, *les Actualités espagnoles*, livre à relire encore aujourd'hui. M. Lauser, dans le feuilleton excellent qu'il écrivit alors sur Molière, nous donne tout à fait, à nous autres Français, la *note* de l'admiration que porte une partie de l'Allemagne à l'auteur du *Misanthrope*, et de la façon dont le comprennent les admirateurs de Schiller et de Gœthe. On remarquera d'ailleurs que, tout Autrichien qu'il est, M. Lauser est bien *Allemand*, et, sur ce point encore, son travail nous intéresse tout particulièrement.

N'est-il point d'un intérêt absolu de savoir ce que les étrangers pensent de nous et de nos gloires, et ne devons-nous pas remercier ceux qui s'attachent à nous faire comprendre et à nous faire aimer? M. Lauser constate tout d'abord que « depuis deux siècles l'affection et l'admiration des Français pour Molière n'ont pas diminué; sa statue se trouve rue Richelieu, en face de la maison où il est mort; il semble encore assis au milieu de ses chers Parisiens... Et le visage pensif de Molière est connu de tous. »

« Il n'est pas d'apprenti, ni de domestique — ici nous citons textuellement l'écrivain autrichien — qui ne sache par cœur des vers ou des phrases extraites des œuvres de Molière et passées en proverbes. Chaque spectateur tient essentiellement à ce que les rôles de Molière soient interprétés conformément à la tradition de ce maître en l'art d'écrire les pièces et en l'art de les interpréter. On considérerait comme une profanation tout changement introduit dans le texte original ou même l'atténuation de quelques termes qui, même à l'époque de Molière, étaient considérés comme trop crus. Il ne se passe pas d'année sans qu'une nouvelle édition des œuvres de Molière ne voie le jour; des savants sont occupés sans cesse à rechercher et à épurer de nouveaux manuscrits; sa gloire est célébrée dans d'innombrables conférences publiques; les expressions qu'il met dans la bouche de ses personnages se retrouvent partout, et les types créés par lui, ses principales œuvres, revivent sans cesse. Certes un peuple qui honore ainsi ses grands esprits ne fait que s'honorer lui-même.

« Eh bien, cette fois-ci, nous, Allemands, nous ne ferons pas défaut dans le cortége qui s'achemine vers le buste de Molière pour ceindre son front toujours jeune de nouveaux lauriers; car, là-bas, au seuil du temple de l'Art, la haine de race, qui sépare Français et Allemands, doit expirer comme les furies d'Oreste s'arrêtent à l'entrée du buisson sacré du dieu de Delphes..

« Il est une double raison qui doit pousser les Allemands, plus que tous les autres peuples, à ne marchander à Molière ni leur respect, ni leur admiration. S'il convient déjà que le vainqueur, favorisé par le sort des armes, confirme par son témoignage que l'humanité doit beaucoup à la grandeur intellectuelle du vaincu, les Allemands, eux, ont contracté une dette toute particulière envers Molière.

« A l'époque de la lutte intellectuelle que la littérature allemande a été forcée de soutenir contre l'influence écrasante de l'école française, Racine, Corneille et toute la littérature de cette période ont été condamnés sans jugement, et Molière n'a pas été exclu de ce verdict. Beaucoup d'entre nous acceptent sans réfléchir l'injuste arrêt de Schlegel, qui considérait le talent de Molière tout au plus *suffisant pour la farce*. Ceux-là ne font pas attention au jugement porté par un appréciateur autrement compétent que Schlegel : Gœthe. Celui-ci écrit à Eckermann : « *Molière est tellement grand,*
« *que chaque fois qu'on le relit on se sent pris*
« *d'étonnement. Je lis chaque année quelques-unes*
« *de ses pièces, de même que je contemple de*
« *temps à autre les gravures exécutées d'après les*
« *grands maîtres italiens, car nous autres, petits,*
« *sommes incapables de concevoir d'aussi grandes*
« *choses. Il faut retourner sans cesse à la source*
« *pour nous rafraîchir la vue et la mémoire.* »

« Depuis quelque temps, il est vrai, nous avons été témoins de courageux efforts tentés pour réparer l'oubli et l'injustice du passé. La traduction, avec introduction explicative pour chaque pièce des œuvres de Molière, par le comte Baudessin, les essais si remarquables de Paul Lindau[1] et de M. Schereizer ont beaucoup contribué à réveiller

---

1. Voyez *Molière in Deutschland,* von Paul Lindau. (Wien, *Arnold Hilberg,* 1867, in-8.)

en Allemagne la sympathie pour le plus grand
poëte français.

« Molière s'est rapproché de nous comme poëte
et comme homme ; le cercle s'élargit toujours de
ceux qui prennent part aux luttes et aux souffrances de sa vie, de ceux qui suivent avec admiration ses progrès incessants dans l'art, de ceux
qui sentent son grand et noble cœur battre dans
chacun de ses ouvrages. Molière ne nous appartiendra peut-être jamais tout à fait comme Shakspeare ; mais, précisément parce qu'il est le plus
français des auteurs français, il appartient à l'humanité tout entière comme les deux poëtes nationaux de l'Italie et de l'Espagne : Dante et Cervantes.

« Vouloir chercher à amoindrir la signification et
le génie de Molière, parce qu'il aura mélangé des
minéraux étrangers avec l'or de sa poésie, serait
une entreprise bien hasardée.

« Il est évident que ce prince des poëtes, conqué-
rant tout comme un roi, a mis à contribution ses
devanciers anciens et modernes. Plaute et Térence lui ont servi, bon gré, mal gré, et il a emprunté à l'antiquité plus d'un de ses procédés dra-
matiques ; mais une fois que son génie a pu dé-
ployer ses ailes, sûr de vaincre, il s'est écrié :
« Laissons Plaute et Térence de côté, allons droit
« *à la nature!* » Il suffit du reste de comparer son
Avare à l'*Aulularia* de Plaute pour montrer comment il s'entendait à adapter sa propre couleur

nationale à une donnée puisée en dehors de son temps et de son pays.

« Il a fait aussi plus d'un emprunt à la comédie espagnole; mais avec quel art infini il a su franciser ces figures, et les faire se mouvoir dans une action nouvelle! De même pour la comédie italienne qu'il avait eu occasion d'étudier sur le vif à Paris même. Mais qui donc voudra reprocher à Molière d'avoir enrichi ainsi la scène française et de l'avoir dégagée des réminiscences italiennes du même coup?

« Ses imitations de poëtes étrangers et ses essais malheureux dans la tragédie ont occupé Molière jusqu'à sa quarantième année. Jusqu'alors, il doutait encore de lui-même, en proie aux soucis et aux contrariétés, allant de province en province... Le premier effort de son génie se manifesta d'une façon encore bien modeste dans le *Dépit amoureux*. Là encore il s'appuie sur une donnée étrangère, mais il puise dans sa propre expérience tous les chagrins, toutes les disputes, tous les orages d'un nouvel amour; c'est seulement à son retour à Paris, dans la plénitude de l'âge mûr, qu'il se décide à peindre l'homme sur le vif. Alors il enferme les anciens dans sa bibliothèque, il jette par-dessus bord les figures clichées du théâtre italien et choisit même la prose en lieu et place du langage obligatoire des vers; puis, avec une hardiesse dont ses contemporains n'ont pu revenir de longtemps, il peint tous les travers qui le frappent dans cette vie de Paris : les modes excentriques, la prétention dans le langage, bref, toute cette éducation faussée qui dominait alors.

« Et ce Molière, qui n'avait en vue, comme nous l'avons fait remarquer, que la création de types essentiellement français, a réussi de la sorte à en former qui sont de tous les pays et de tous les temps.

« Nous nous bornons à citer, entre autres figures : *Tartuffe*, l'avare *Harpagon*, *Alceste*, *George Dandin*, etc.

« Est-ce que ce rôle du *Bourgeois gentilhomme*, ce parvenu transporté d'enthousiasme lorsque son professeur lui révèle qu'il faisait de la prose sans le savoir, ne semble pas copié sur le premier venu de nos hauts barons de la finance?

« Quelle superbe collection de bas-bleus dans les *Femmes savantes*, quel modèle de coquette que la Célimène du *Misanthrope!* Y a-t-il rien qui soit d'un comique plus achevé que la série de pédants boursouflés qu'on nous montre dans la trilogie de l'*Amour médecin*, du *Malade imaginaire* et du *Médecin malgré lui*? La création de l'œuvre de Molière embrasse tout, depuis la simple farce jusqu'à la comédie, qui atteint chez lui des proportions tragiques; presque toujours il a fustigé les folies, les vices, les passions qui forment le lot commun de l'espèce humaine; mais souvent aussi il est descendu en lui-même, et il a mis à nu sa propre souffrance, ouvertement et sans égards pour lui-même. Oui, certes, on peut dire qu'il a écrit le *Misanthrope* avec toutes ses larmes et tout son sang.

« Molière avait adopté ce sage principe : « *Le plus grand précepte de tous les préceptes est de plaire.* » Quand une pièce de théâtre a produit son effet, c'est la meilleure preuve qu'elle a été bien faite. Il ne place pas l'idéal de la femme aussi haut que nos poëtes germains; il veut la femme simple, modeste, bienveillante, instruite, mais sachant ne pas se targuer de sa science; en un mot elle doit, selon lui, être telle que la nature l'a créée : faite pour les joies du ménage et non pour briller en public. Et c'est avec ce *bon sens* que Molière s'est attaché à montrer quels sont les devoirs de l'époux, des parents et des enfants, et, de cette sorte, les devoirs essentiels de la société humaine. »

M. Lauser applique enfin à Molière le mot admirable de Térence : « *Homo sum*..... » — *Je suis homme, et rien de ce qui est humain ne m'est étranger.* Certes M. Lauser a raison de réclamer Molière pour l'humanité tout entière; mais n'oublions pas qu'il est purement, absolument, vraiment Français par ce *bon sens* que signale si bien l'écrivain autrichien, et qui fit la force de notre race dans le passé et en refera peut-être la solidité dans l'avenir.

La Comédie-Française a donc laissé, je le répète, à des poëtes et à des acteurs étrangers le soin de célébrer Molière. Pendant ce temps, nous recherchions, dans nos notes et nos souvenirs, des détails sur cette mort qu'on oubliait ici et qu'on saluait là-bas.

Molière était né au coin de la rue des Vieilles-Étuves et de la rue Saint-Honoré, dans une maison aujourd'hui démolie et connue alors sous le nom de la *Maison des Singes*. Détail curieux : une boulangerie, ouverte depuis peu en face de l'emplacement où naquit, le 14 janvier 1622, Jean-Baptiste Poquelin, porte sur son enseigne ce nom populaire : *A Molière*. Quant à la maison où le grand poëte est mort, je crois, avec M. F. Lock, l'auteur du *Guide alphabétique des rues et monuments de Paris*, que c'est bien la maison de la rue de Richelieu qui porte le n° 34[1]. Au coin de cette même rue de Richelieu et du boulevard des Italiens avait aussi demeuré Regnard, et Marivaux habitait également rue de Richelieu vers l'année 1763.

Rien n'est plus tragique que cette agonie de Molière telle que la raconte Grimarest. Elle était cependant absolument prévue. La toux, qui depuis longtemps secouait Molière, avait fort augmenté depuis la dernière année. Ce n'était plus déjà l'homme *ni trop gras, ni trop maigre*, dont Mlle Poisson, la comédienne, nous a laissé le

---

[1]. D'autres prétendent que c'est la maison qui porte aujourd'hui le n° 40.

portrait[1]; sa figure s'était creusée, son corps émacié. Louis Racine raconte, dans ses *Mémoires sur la vie et les œuvres de son père*, que Boileau, effrayé de cette consomption lente, voulut déterminer Molière à abandonner le théâtre : « Votre santé y dépérit, lui dit-il, le métier de comédien vous épuise; croyez-moi, il faut y renoncer !

« — Hélas, lui répondit Molière, c'est le *point d'honneur* qui m'arrête !

« — Et quel *point d'honneur*? répliqua Boileau; quoi! vous barbouiller la figure d'une moustache de Sganarelle et venir sur un théâtre recevoir des coups de bâton? Voilà un beau point d'honneur pour un philosophe tel que vous ! »

Boileau n'entendait pas ce que voulait dire Molière. Esclave de cette nécessité du métier qui attache le soldat au champ de bataille, le juge à son banc, le peintre à sa palette, l'écrivain à sa plume, le marin à son banc de quart, Molière se sentait lié par le devoir à ses planches poudreuses

---

1. Ce portrait, le voici : « Molière n'était ni trop gras, ni trop maigre, il avait la taille plus grande que petite, le port noble, la jambe belle, il marchait gravement, avait l'air très-sérieux, le nez gros, la bouche grande, les lèvres épaisses, le teint brun, les sourcils noirs et forts, et les divers mouvements qu'il leur donnait lui rendaient la physionomie très-comique. » — A ces traits, à cette *gravité* et à ce *sérieux*, qui ne reconnaît *le contemplateur* ?

qui chaque jour lui donnaient un peu plus de fièvre et consumaient en lui un peu plus de vie. Il voulait demeurer à son poste, quitte à y mourir, et, pour prolonger le reste d'existence qu'il conservait en lui, il s'était mis à un régime sévère, ne réservant ses efforts que pour son cher théâtre et ses comédiens. Sur ces entrefaites, il se réconcilia avec Armande Béjart, sa femme; il se laissa aller à l'écouter, à se départir de sa réserve et des soins qu'il prenait de lui-même, non pour lui-même, mais pour les autres. Une invitation qu'il accepta chez Ninon de Lenclos acheva d'irriter ses poumons. Depuis quinze ans sa poitrine malade le dévorait d'un feu intérieur et lui donnait cette admirable voix musicale, vibrante et profonde, qu'ont parfois les phthisiques et qui charmait tout le monde. Une tradition veut qu'il ait surtout accepté cette invitation chez Ninon parce qu'il y devait rencontrer Boileau, et que Boileau lui avait promis de travailler avec lui au latin macaronique de la cérémonie du *Malade imaginaire*. Je donne l'anecdote pour ce qu'elle vaut.

Toujours est-il que ce repas chez la future protectrice de Voltaire fut une des dernières parties de plaisir de Molière, la dernière sans doute. Il allait mourir bientôt.

Le vendredi 17 février 1673, jour où devait avoir lieu la quatrième représentation du *Malade imaginaire*, Molière, sentant que le mal était décidément le plus fort, dit au comédien Baron, son ami : « Je vois bien qu'il me faut quitter la partie ; mais qu'un homme souffre avant de mourir ! » Il était affreusement pâle, et Armande Béjart et Baron voulurent l'engager à ne point jouer ce soir-là son rôle d'Argan. Mais ici reparaît le *point d'honneur* de tout à l'heure et l'idée du devoir :

« Il y a cinquante pauvres diables qui n'ont que leur journée pour vivre, dit Molière ; si je ne joue pas, qui leur donnera du pain ? »

Quelle âme admirable et dévouée que celle de ce misanthrope, et comme Alceste donne à Philinte des leçons d'humanité ! Il joua donc en toussant avec d'affreux déchirements ; il alla, il traîna jusqu'à la cérémonie ; une convulsion dissimulée, étouffée sous un éclat de rire, le secoua terriblement ; puis, frissonnant, il monta dans la loge de Baron : « J'ai un froid qui me tue, » dit-il. Baron lui prit les mains ; elles étaient glacées. Le comédien donna à Molière son manchon, appela ses porteurs, sa chaise, et, de la rue des Bons-Enfants à la rue de Richelieu, du Palais-Royal au logis de Molière, il demeura aux côtés de son maître et de son ami. Une fois chez lui, raconte Grimarest, Molière consentit à prendre un bouillon. Baron lui rapporta un de ceux que Mlle Molière tenait toujours prêts pour elle-même, « car elle avait un soin extrême de sa personne. »

« Eh ! non, dit Molière, les bouillons de ma femme sont de vraie eau-forte ; vous savez tous les ingrédients dont elle les compose. Donnez-moi plutôt un petit morceau de fromage de Parmesan. »

La bonne Laforest lui en apporta; il en mangea avec un peu de pain, puis se fit mettre au lit. Une quinte le prit comme il demandait un oreiller rempli d'une certaine drogue à *vertu dormitive;* une veine se rompit dans sa poitrine, et le sang lui sortit à flots par la bouche et les narines. Pendant qu'il étouffait, puis râlait, on cherchait des prêtres. Son valet et Martine couraient à Saint-Eustache, la paroisse de Molière, et demandaient un confesseur; deux curés refusaient, ils s'appelaient, l'un, Lenfant, l'autre, Lechat. Enfin le beau-frère de Molière, Jean Aubry, décida un troisième prêtre, nommé Paysant, à venir. Lorsque l'abbé Paysant arriva rue de Richelieu, il y trouva Molière mort entre les bras d'un gentilhomme, M. Couthon. Aux pieds du lit priaient deux religieuses à genoux.

Ces notes de Grimarest gardent, on le voit, ce je ne sais quoi de précis et de *réaliste* d'un fait divers quotidien. Elles causent encore une émotion vive lorsqu'on les lit. Mais qu'est-ce que cette mort comparée au scandale des funérailles de Molière, à ce refus de sépulture ordonné par M. Merlin, curé de Saint-Eustache, poussé par Mgr Harlay de Champvallon, archevêque de Paris? Qu'est-ce que cette sombre agonie comparée aux lugubres funérailles de ce grand homme de bien qui s'appelait Molière? La nuit, le 21 février, malgré la foule qui hurlait devant la maison et à qui Armande Béjart jeta par la fenêtre mille livres pour l'apaiser, la bière de Molière portée à bras, fut enlevée de la maison mortuaire et, sans être présentée à l'église, dirigée par la rue Montmartre vers le cimetière. Baron, La Thorillère, Lagrange, Beauval, Chapelle, suivaient le convoi funèbre portant chacun une torche. A la lueur de la résine, La Thorillère put lire avec colère ces vers collés par quelque envieux sur les portes fermées du cimetière :

> Il est passé, ce Molière,
> Du théâtre à la bière,
> Le pauvre homme a fait un faux bond;
> Et ce tant renommé bouffon
> N'a jamais su si bien faire
> Le malade imaginaire
> Qu'il a fait le mort tout de bon [1]

La Thorillère arracha la pancarte insultante, les portes du cimetière s'ouvrirent et l'on enfouit enfin les restes de cet homme dont le génie avait été fait de bonté, de pitié, d'ironie et de souffrance.

Un écrivain, dont on fera bien de consulter le travail, que nous venons de relire avec profit, M. E. Burat de Gurgy, a publié, en 1838, dans le *Monde dramatique* (4e année, t. VI, p. 353), un curieux article sur cette *Maison de Molière* où venait de se passer le drame rapporté par Grimarest :

1. Voyez plus loin les *Épitaphes* de Molière.

« Cette maison, dit M. de Gurgy, est inscrite sous le n° 34 de la rue de Richelieu, vis-à-vis la fontaine [1]. Son rez-de-chaussée occidental forme le passage Hulot et conduit à la rue Montpensier, dans laquelle on descend par quelques marches. L'appartement de Molière était à l'entre-sol, et celui d'Armande Béjart au-dessus : ils communiquaient ensemble au moyen d'un escalier de bois fort roide et de deux pieds et demi de largeur. On y voit à présent la boutique du bottier Lyon-Bosschaerts. Les dispositions intérieures n'ont pas subi d'importantes métamorphoses, au moins quant à la chambre à coucher du poëte-comédien. Après avoir traversé une espèce d'antichambre étroite et carrée, on pénètre tout de suite dans cette pièce principale ; une porte à doubles battants revêtus de glaces s'ouvre devant vous. Cette chambre est un ovale tronqué, boisé entièrement, le plafond n'a conservé aucune trace de l'apothéose qu'y peignit un élève de Philippe de Champagne, le décorateur d'une partie du Palais-Cardinal, et les dorures des panneaux ont disparu sous une couche

---

[1]. Nous acceptons cette tradition. Aujourd'hui, l'appartement du n° 34 est occupé par un bureau de placement pour employés des deux sexes. Cette maison, qui s'ouvre sur le passage Hulot, est habitée par un marchand de vins, M. Gibout, et un boucher, M. Bouquet jeune. Le n° 40, haute et fière maison située en face la rue Villedo, est occupé par un marchand d'appareils à gaz, un magasin de jouets et un tailleur.

de couleur grise. La lumière arrive là à travers trois fenêtres excessivement larges et dont la maçonnerie est intacte. L'une est en face de la porte et donne du côté de la rue Montpensier ; celle-là avait vue sur le jardin du Palais-Royal, dont la verdure n'était pas encore masquée par les galeries. Le lit se dressait dans l'angle à droite ; au pied de ce lit, la cheminée qui a été changée, mais au-dessus de laquelle subsiste toujours un ancien miroir couronné d'un trumeau du temps. Le sujet mythologique de cette toile est d'un coloris vif et chaud, d'un dessin pur et correct. Le demi-jour qui l'éclaire n'empêche pas de reconnaître que c'est une excellente peinture. Parallèlement au foyer sont les deux autres croisées, entre lesquelles Molière avait suspendu son portrait dans le costume d'Auguste[1]. La partie de la muraille qu'occupait cet ouvrage de son ami, le célèbre Mignard, est cachée pour le moment derrière des étagères en sapin chargées de boîtes et de chapeaux. Des draperies rouges à franges jaunes, et tendues autour d'un mobilier en acajou, remplacent les portières de lampas et les meubles en chêne de celui qui avait 30,000 fr. de revenu, qu'il dépensait sans ostentation, toutefois. Où se trouvait sa table de travail s'appuie un secrétaire, tout à fait moderne, orné de groupes de porcelaine, et un berceau d'enfant remplit, en

---

1. N'est-ce pas plutôt celui que possède la Comédie-Française et qui représente Molière dans son costume de la *Mort de Pompée* ?

regard du lit, le coin jadis réservé à l'armoire sculptée sous la clef de laquelle Molière enfermait ses livres et ses manuscrits, vendus, disséminés et perdus à la mort de Lagrange, à qui la Béjart les avait confiés.

« Enfin, cette chambre, relique oubliée, est enchâssée entre un dépôt de vins en bouteilles et un mont-de-piété ; elle sert d'atelier, provisoirement consacré à la confection de castors imperméables ; au-dessous de celle de ses fenêtres qui livra passage à la dernière bouffée d'air que Molière respira, est écrit, en manière d'enseigne, le mot *magasin*, et là même où son souffle divin s'exhala, habite le cordonnier qui a eu l'obligeance de nous y laisser entrer, le 7 mai 1838, en nous avouant (étrange indifférence !) que nous étions le premier et le seul qui lui en eût adressé la demande. »

Depuis trente-cinq ans, l'intérieur de l'appartement où mourut Molière n'a pas dû beaucoup changer. On a appliqué dans la muraille une plaque rappelant que ce fut là qu'il rendit le dernier soupir ; mais ce monument vraiment historique appartient toujours à des particuliers. Nous avons dit tout à l'heure que des recherches plus nouvelles veulent que Molière ait habité non le n° 34 de la rue Richelieu, mais le n° 40. Rien n'est prouvé : *et adhuc sub judice lis est*. Depuis la visite de M. Burat de Gurgy, je doute d'ailleurs qu'il y ait eu de ce côté de nombreux pèlerinages. Nous sommes assez oublieux décidément, et il a fallu bien des années pour que Molière ait, dans un angle et comme dans un coin de notre Paris, sa statue ou plutôt sa *demi-statue*, sa fontaine. Combien de fois ce monument fut-il entrepris sans succès! Combien de fois essaya-t-on d'organiser une souscription pour Molière!

En 1818, une commission, dont faisaient partie Casimir Périer, le baron Gérard, Talma, Népomucène Lemercier, de Broglie, Laffitte, etc., voulut élever, par souscription publique, un monument à Molière. Peine perdue! *Aucun* (je dis aucun) souscripteur ne se présenta. Quelques années après, en 1835, une nouvelle commission, composée de MM. Thiers, de Montalivet, Charles Nodier, Casimir Delavigne, le maréchal Gérard, l'acteur Samson, Alexandre Duval, Scribe, etc., se réunit et ouvrit une souscription dans le même but. Croira-t-on que la somme souscrite s'éleva *à trois cent cinquante francs* ? Il fallut s'y reprendre à trois fois et que les comédiens, et à leur tête M. Régnier, s'y missent corps et âme pour que Molière eût son monument[1]. Le jeudi 10 mai 1838, le Théâtre-Français donna une représentation extraordinaire, composée de *l'Impromptu de Versailles*, *l'École des maris*, le *Bourgeois gentilhomme* avec la Cérémonie, au bénéfice de la souscription pour Molière. La recette nette s'éleva à

1. Voyez la *Lettre de M. Régnier*, de la Comédie-Française, au préfet de la Seine, relative à la construction de la fontaine Molière (*Moniteur universel* du 25 mars 1838).

17,242 francs 65 centimes. Cent ans après la mort de Molière, en 1773, la Comédie-Française avait déjà donné une représentation solennelle dont la recette fut appliquée à l'érection d'une statue en l'honneur de l'auteur de *Tartuffe*. J'ai retrouvé dans ce même recueil, déjà cité, de curiosités théâtrales, *le Monde dramatique,* une intéressante étude de M. Em. de Géricourt sur une représentation du *premier centenaire* de Molière, représentation qui n'a pas eu son pendant cette année.

Ce fut sur la proposition de Lekain que les comédiens du roi, les *enfants chéris* de Molière, comme il les appelait, décidèrent que la Comédie-Française, pour célébrer *la centenaire* de Molière et pour élever une statue « à la mémoire de ce grand homme », donnerait le produit entier de la première représentation d'une pièce nouvelle, l'*Assemblée*. Il fallait seulement, pour cela, et pour que la décision des comédiens fût valable, que les premiers gentilshommes de la chambre, MM. de Richelieu et de Duras, consentissent à valider la proposition faite par Lekain. Au reste, il vaut mieux donner ici le texte même de cette délibération de la Comédie et de cette correspondance. Ce sont documents à conserver.

Délibération des comédiens du roi,
prise à l'occasion de la centenaire de Molière.

« Ce jour, le sieur Lekain, l'un de nos camarades, a demandé qu'il lui fût permis d'exposer à l'Assemblée ce qu'il avait imaginé pour honorer la mémoire de Molière, et consacrer sa centenaire par un monument qui pût convaincre la postérité de la vénération profonde que nous devons avoir pour le fondateur de la vraie comédie, et qui n'est pas moins recommandable à nos yeux comme le père et l'ami des comédiens.

« Après quoi, il nous a représenté qu'il estimait convenable et honorable d'annoncer ce même jour au public et de motiver dans les journaux que le bénéfice entier de la première représentation de l'*Assemblée,* qui doit être jouée mercredi prochain, 17 courant, pour célébrer la centenaire de Molière, sera consacré à faire élever une statue à la mémoire de ce grand homme.

« Qu'il ne doutait nullement que la partie la plus éclairée de la nation française ne contribuât grandement à l'exécution d'un pareil projet.

« Qu'il était instruit que l'Académie française l'avait fort approuvé; qu'elle l'avait trouvé digne de celui qui l'avait conçu, plus digne encore de ceux qui se proposaient de l'exécuter.

« Que l'on ne pouvait pas faire un sacrifice plus

noble de ses intérêts, et que M. Vatelet, l'un des membres de cette même Académie, s'était offert de suppléer à la dépense de ce monument, si les fonds sur lesquels on devait compter n'étaient pas suffisants.

« Que d'ailleurs on pouvait être sûr du consentement de messieurs les premiers gentilshommes de la Chambre, et qu'il en avait pour garant la lettre qu'il avait écrite à nos seigneurs les ducs de Richelieu et de Duras, et nommément la réponse de ce dernier.

« La matière mise en délibération, nous, comédiens du roi, avons de grand cœur donné notre consentement au projet énoncé ci-dessus, quoiqu'il ait été agité par deux de nos camarades qu'il serait peut-être plus convenable que la Société fît seule les frais d'un si noble monument.

« En conséquence, il a été décidé à la pluralité des voix, que le sieur Lekain se chargerait de l'annoncer aujourd'hui au public.

« Il a été pareillement décidé que la copie de la lettre du sieur Lekain et la réponse de monseigneur le duc de Duras, mentionnées dans l'exposé ci-dessus, seraient annexées à la présente délibération, comme la preuve la plus authentique de l'adhésion des supérieurs. »

Lettre du sieur Lekain à M. le duc de Duras.

Le 12 février 1773.

« Monseigneur,

« J'ai pris la liberté de me rendre hier à votre hôtel, pour vous supplier de vouloir bien donner votre agrément à un projet dont l'idée a paru noble et intéressante à plusieurs de mes camarades, et même à plusieurs bons citoyens, qui ne respirent, comme vous, monseigneur, que la gloire et le progrès des beaux-arts.

« Il s'agirait de disposer du bénéfice entier de la représentation qui sera donnée à l'occasion de la centenaire de Molière, pour élever une statue à ce grand homme dans le foyer de la nouvelle salle de spectacle qui va se bâtir sous vos ordres. Une détermination de cette nature ne peut qu'honorer le spectacle national et tous les gens de lettres, qui se feront un devoir indispensable d'y contribuer.

« Nous osons croire, monseigneur, que le protecteur des beaux-arts, sous le règne de Louis XV, verra sans peine que des *enfants chéris* élèvent un monument à la gloire de leur père ; c'est le nom que Molière nous avait donnés, et c'est le seul peut-être qui nous honore le plus aux yeux des nations qui ont secoué le préjugé de la plus honteuse barbarie.

« Il y a tout lieu d'imaginer que la nôtre secondera le zèle qui nous anime, surtout si vous voulez bien y mettre le sceau de votre approbation.

« Daignez, monseigneur, nous la faire parvenir avant lundi; elle motivera notre délibération, et je la regarderai, en mon particulier, comme la grâce la plus signalée que vous puissiez accorder à celui qui sera toute sa vie, etc. »

Réponse de M. le duc de Duras au sieur Lekain.

Le 14 février 1773.

« *J'approuve* fort votre idée, mon cher Lekain, pour la statue de Molière, mais je ne suis embarrassé que des moyens. Croyez-vous que la représentation de la centenaire suffira pour cet objet? D'ailleurs, pourra-t-on se dispenser de rendre le même hommage à Corneille et à Racine? Au surplus, je ne puis qu'approuver cette idée, qui est très-décente et très-noble de la part de la Comédie.

« Coyez-vous avoir la pluralité parmi vos camarades? Vous me paraissez sûr de l'approbation de M. de Richelieu; j'y joins aussi la mienne avec bien du plaisir.

« Adieu, mon cher Lekain. »

Donc, plus d'obstacles. On pouvait librement fêter Molière. Aussi, le lundi 15 février 1773, Lekain s'avança sur le devant de la scène et fit tte annonce au public :

« Messieurs, mercredi prochain, nous donnerons *Tartuffe*, suivi de l'*Assemblée*, petite comédie en un acte, faite à l'occasion de la centenaire de Molière [1]. A ce sujet, messieurs, nous croyons devoir vous instruire que nous avons délibéré, *sous le bon plaisir de nos supérieurs*, de consacrer le bénéfice entier de cette représentation à l'érection de la statue de Molière, de cet homme unique en son genre, et le plus grand peut-être qu'ait produit la littérature française ! Il y a longtemps, messieurs, que vos suffrages lui ont conféré le droit à l'immortalité ; ainsi, en contemplant de

---

[1]. Cette comédie de l'*Assemblée* fut imprimée : *L'Assemblée*, comédie en vers, avec l'apothéose de Molière, ballet héroïque, aussi en vers, par l'abbé de Schosnes, représentée par les comédiens français le 17 février 1773 (Paris, Callot, 1773, in-8 de 48 pages).

Nous trouvons encore cette pièce dans la *Bibliographie Moliéresque* de M. Paul Lacroix, avec cette autre désignation : *Le Centenaire de Molière*, comédie en vers et prose, en un acte, par Artaud ; suivie d'un divertissement relatif à l'apothéose de Molière, représenté par les comédiens français le 18 février 1773 (Paris, *Veuve Duchesne*, 1773, in-8 de 64 pages). L'auteur était l'abbé Lebeau de Schosne. Sa pièce fut arrangée pour le théâtre de Bordeaux sous ce titre : *L'Apothéose de Molière, ou l'Assemblée des acteurs de la Comédie de Bordeaux*; comédie-vaudeville (Bordeaux, *Veuve Calamy*, 1773, in-8). — Nous citerons encore parmi les pièces de circonstance, inspirées par l'anniversaire de Molière, une comédie de M. Samson : *La Fête de Molière* (Odéon, 15 janvier 1825).

plus près le monument que nous allons élever à sa gloire, vous verrez exaucer les vœux des nations éclairées, ceux de vos prédécesseurs et les vôtres, et, pour ce qui nous regarde le plus particulièrement, le tribut le plus noble de la piété filiale. »

Lekain, nous dit-on, était fort ému en faisant cette annonce, — cette conférence, dirais-je volontiers, — qui souleva d'unanimes applaudissements. Cependant la recette du *mercredi* ne fut pas considérable; les *gens du bel air* n'y vinrent point; il s'agissait d'élever une statue à un homme de théâtre, à un écrivain que l'Académie française avait admis seulement en effigie et après sa mort. Il n'y eut guère que les bourgeois et les pauvres qui se rendirent à la Comédie-Française pour écouter *Tartuffe* et la pièce nouvelle. La recette de cette représentation solennelle fut de *trois mille six cents livres* seulement.

Mais, quoi! le *centenaire* de Molière était du moins fêté, et d'ailleurs les comédiens complétèrent de leurs deniers la somme nécessaire pour l'achat de cette statue ou plutôt de ce buste, qui fait partie, aujourd'hui, du Musée de la Comédie-Française. L'honneur était sauf, et la *maison de Molière* avait mieux mérité de lui en 1773 qu'en 1873.

II

LES DÉBUTS DE MOLIÈRE.

ous avons dit comment les comédiens de Molière ont perdu cette occasion de célébrer solennellement le deux centième anniversaire de la mort de Molière, comment ils ont laissé s'écouler, sans la fêter, la *Semaine de Molière*. Il est juste de reconnaître qu'ils n'ont pas toujours oublié cette date à la fois glorieuse et triste. En 1871, pendant le siége de Paris, lorsqu'arriva la date du 15 janvier, anniversaire de la naissance de Molière, la Comédie-Française ne voulut point la laisser passer sans rendre à l'auteur du *Misanthrope* l'hommage qui lui est dû. Elle fêta Molière comme d'habitude, au bruit des bombes que lançaient sur Paris les compatriotes de Lessing, de Schiller et de Gœthe. M. Gondinet célébra, en quelques strophes, la gloire de celui qui représentait la France éternelle aux yeux de la France martyre et abaissée.

Trois ans auparavant, en janvier 1868, à l'occasion du deux cent quarante-sixième anniversaire de la naissance de Molière, la Comédie-Française avait donné un à-propos en un acte, la *Valise de Molière* de M. Édouard Fournier, d'un intérêt tout particulier, puisqu'il promettait aux amateurs, aux *moliérophiles,* comme on a dit, du Molière inédit.

Ce petit acte contenait, en effet, douze fragments inédits ou peu connus, attribués à Molière avec une certaine vraisemblance. La brochure, que l'auteur fait précéder d'une longue préface explicative et suivre de notes fort nourries, nous apprend d'où viennent ces fragments et nous fait en quelque sorte leur biographie. Il en est que M. Henri de la Garde découvrit chez un libraire d'Avignon et que publia dans le *Journal des Débats* Joseph d'Ortigues; d'autres que le bibliophile Jacob a dénichés dans les bibliothèques, d'autres enfin que M. Édouard Fournier lui-même a trouvés en furetant çà et là.

Nous ne discuterons pas ici l'authenticité de ces fragments, vers nouveaux ou satiriques, élégies ou chansons, verselets, scènes détachées de comédies inachevées ou de farces comme le *Maître d'école,* les *Docteurs rivaux,* etc., que l'auteur de l'à-propos supposait perdus par Molière avec sa valise; M. Fournier n'avait fait, en somme, pour ces miettes de Molière, que ce qu'avait fait, en 1682, Champmeslé pour des scènes détachées du *Don Juan* de Molière que la police ne voulait point laisser jouer. Champmeslé les cousit ensemble, tant bien que mal, et les fit représenter avec succès.

Le 15 janvier 1866, M. Alphonse Pagès avait, à peu près de même, rimé un acte en vers, *Molière à Pézénas*, destiné à servir de prologue à la farce du *Médecin volant* que l'Odéon représentait alors. Ce *Molière à Pézénas* était la mise en scène d'un épisode de cette vie de *cabotinage* que mena le grand homme, au hasard des rencontres et des chemins. Quelle vie heurtée, hérissée de difficultés, de désillusions, abreuvée de souffrances, que celle de ces misérables grands hommes ! En est-il un seul parmi nos contemporains qui échangeât volontiers sa gloire contre leur existence ? En est-il un seul capable de ces résignations et de cette ténacité ? Comment purent-ils conserver leur génie dans leur malheur ? Nous abandonnerions volontiers la mêlée après avoir reçu un coup d'épingle ; ils y recevaient sans déserter des coups de poignard.

Pour Molière, elles furent longues, ces années de luttes, d'essais, de tentatives. Quatorze ans ! Après avoir tout étudié, tout appris : la théologie, la médecine, le droit (Molière s'était fait, dit Grimarest, recevoir avocat), un beau jour, poussé par la vocation, jeté dans l'aventure par le hasard, peut-être, — d'autres disent par amour pour la Béjart, et c'est bien là le vraisemblable, — il abandonne le Palais, où il ne plaida jamais, pour les planches et les coulisses, qu'il ne devait plus quitter. Le voilà sur l'*Illustre théâtre*, aux tossés de la porte de Nesle. On s'imagine que dès que Molière dut paraître, dès qu'il donna au public ses premiers essais, fussent-ils informes, on l'accueillit et on lui fit fête. Point. Le public est l'éternel avare, et répond presque toujours à celui qui lui demande l'aumône de la renommée : « Bonhomme, vous repasserez ! »

Molière repassa, mais plus tard, je l'ai dit, près de quinze ans après. Et que de souffrances, en ces quinze années, que de déceptions ; toutes les tribulations sinistres de ce que Scarron appelait le Roman comique, la pauvreté à combattre et l'avenir à préparer, les représentations à Bordeaux, en pleine guerre civile, la troupe de Molière chassée par les arquebusades des partisans, les sifflets ici, les injustices là, les mauvais logements, les soirées sans recettes, peut-être les jours sans pain, et, au bout de la route pleine de ronces, Paris dans le rayonnement de sa grandeur !

Il y revint, l'enfant de la halle, et lui aussi dut se sentir joyeux de retrouver son ruisseau de la rue des Vieilles-Étuves. Mais là encore ce n'était ni la gloire, ni la fortune. La foule s'est à la longue habituée à considérer Molière choyé des grands, accueilli à la cour et dînant à la table du roi, où vraisemblablement, malgré les anecdotes et les tableaux, il n'a jamais dîné. Mensonges de la tradition et que l'histoire anéantit. Cette jeunesse de Molière est singulièrement attristée. Quels efforts pour se faire jour ! Les rivalités des théâtres voisins empêchent les « journalistes » en renom, ceux qui donnaient le ton à la ville, de parler de lui ; la *Gazette de France* se tait sur les premières pièces de Molière ; Loret, l'homme à la mode, qui rimait l'actualité comme on la *chronique* aujourd'hui, ne cite jamais le nom de l'auteur nouveau, et lorsqu'enfin il l'imprime, au bout de trois ans, à propos de l'*École des femmes,* il l'écrit *Molier,* pendant que Somaize prétendait et disait que les pièces de ce malheureux *Molier* n'étaient même pas de lui, et qu'il les tirait des manuscrits de Guillot-Gorju, qu'il avait achetés à la veuve du bateleur.

De cette renommée courante et de ce qu'on nommerait aujourd'hui la *réclame,* Molière, d'ailleurs, ne s'inquiétait guère, et ce n'était point la lutte contre le public qui lui donnait cet air d'assombrissement brûlant qu'on lui voit dans le portrait du Louvre. Il savait bien qu'un jour ou l'autre il aurait raison de la foule. Mais l'ennemi qu'il ne pouvait dompter, c'était lui-même, sa mélancolie profonde et cette amertume qu'il devait faire passer dans l'âme d'Alceste. J'aime beaucoup les commentateurs s'acharnant à soutenir que Molière s'inspira, pour cette grande figure d'Alceste, des rudes vertus de M. de Montausier ! Molière avait vraiment bien besoin de modèle ! Il n'avait, pour peindre le Misanthrope, qu'à étudier sa propre misanthropie.

Mais si jamais la définition de la misanthropie donnée par Béranger a été juste, assurément c'est pour ce misanthrope-là : « La misanthropie, disait le chansonnier, n'est qu'un amour rentré. » Toute la haine de Molière venait, en effet, de son trop-plein d'amour qu'il lui fallait refouler au profond de son cœur et laisser s'aigrir, comme une liqueur au fond d'un vase. Aussi, vraiment trouvé-je justes — et touchants, je le répète encore, — ces hommages officiels rendus à nos grands hommes, ces anniversaires qu'on célèbre, ces dates de naissance que l'on fête comme des victoires du génie humain. Je sais bien qu'une ode lue tous les ans, par un acteur en habit noir, devant un buste de plâtre stéariné ne change pas la face du monde et n'ajoute rien à la renommée du mort; mais il est consolant ce culte du génie, et il n'est pas mauvais que nos grands hommes aient aussi leur calendrier.

J'ai peut-être exagéré tout à l'heure en comparant l'existence de Molière en province à celle des bateleurs héroïques du *Roman comique* de Scarron. Molière, ami du prince de Conti, pour lequel il dansait et peut-être écrivait, en 1655, à Montpellier, le ballet des *Incompatibles*, ne menait point sans doute la vie errante de Ragotin. Sa troupe en somme était bien payée, bien traitée et presque honorée partout où elle passait. M. B. Fillon nous a montré Molière dans le Poitou[1]. M. Brouchoud nous

---

1. *Recherches sur le séjour de Molière dans l'ouest de la France*, en 1648, par Benjamin Fillon (Fontenay-le-mte, in-8, 1871).

l'a fait voir à Lyon [1], M. Eugène Noël l'a rencontré à Rouen [2], M. Emmanuel Raymond l'a suivi en ses pérégrinations dans le Languedoc. C'est là que nous rencontrons la troupe ambulante de Molière voyageant à cheval à travers les routes. On donnait, nous dit M. Raymond, aux acteurs un cheval pour trois, aux actrices un cheval pour deux. Quant à Molière, en sa qualité de directeur, il avait un cheval pour lui seul. Comment M. Raymond le sait-il? La vérité est que Molière et sa troupe voyageaient comme ils pouvaient, tantôt en carrioles, tantôt en bateaux, aujourd'hui sur la monture de Don Quichotte et demain sur celle de Sancho. On a trouvé dans les *Archives* de Pézénas l'ordre donné aux consuls de mettre en réquisition *les charrettes nécessaires pour transporter le petit théâtre de Molière et sa troupe* [3].

Cette note fort curieuse montre quelle sorte

---

1. *Les Origines du théâtre de Lyon* (Lyon, *Scheuring*, 1865, in-8).

2. *Promenades et causeries*, par Eug. Noël (Rouen, *Schneider*, 1872, in-18).

Voyez aussi, sur le séjour de Molière en Normandie, la brochure de M. le professeur Bouquet, *Molière et sa troupe à Rouen*.

3. *Le Fauteuil de Molière à Pézénas* (*Magasin pittoresque*, t. IV, p. 247). Curieux article sur la boutique du barbier Gelly, place du Marché-aux-Grains, à Pézénas, où, comme on sait, se rendait Molière tous les samedis, jours de marché.

d'autorité — toute morale — avait, jusqu'en ces années d'art à la belle étoile, celui qui allait devenir Molière. Nous avons, du reste, sur la façon de vivre du grand comique à cette époque, un témoignage intéressant, c'est celui de Dassoucy, qui rencontra alors Molière, navigua avec lui sur le Rhône, et le suivit justement à Pézénas. Le famélique Dassoucy conte gaiement dans ses *Aventures* comment il vécut, bien nourri, gros et gras, avec les Béjart et Molière :

> Qu'en cette douce compagnie
> Que je repaissois d'harmonie
> Au milieu de sept ou huit plats,
> Exemt de soin et d'embarras,
> Je passois doucement la vie !
> Jamais plus gueux ne fut plus gras !

« Je ne vis jamais, ajoute Dassoucy, tant de bonté, tant de franchise ny tant d'honnesteté que parmy ces gens là, bien dignes de représenter reellement dans le monde les personnages des Princes qu'ils représentent tous les jours sur le theatre. »

Dassoucy changera de note, plus tard, mais ici l'aveu est bon à retenir, et nous montre déjà Molière tel que nous le retrouverons à Paris, compatissant, excellent, noble de cœur et de tenue, et partageant sans compter avec l'errant recueilli en chemin.

M. Eug. Noël, qui a étudié *Molière à Rouen*,

comme M. Péricault a étudié *Molière à Lyon*, nous donne une autre preuve de la générosité de Molière. Le comédien abandonna au profit de l'Hôtel-Dieu la première représentation qu'il donna à Rouen (juin 1658). Il devait, au mois d'août suivant, donner encore une représentation au bénéfice de ce même Hôtel-Dieu. A Lyon, dit M. Péricault, Molière avait fait de même. Ce qui est intéressant à retenir, c'est que la salle de théâtre où Molière jouait, durant son séjour à Rouen, se trouvait à quelques minutes seulement, à quelques pas, pour ainsi dire, du logis où habitaient Pierre et Thomas Corneille [1]. Molière avait alors trente-six ans, Thomas Corneille trente-deux et le grand Corneille cinquante-deux. On s'imagine les causeries de ces trois hommes illustres, les conseils donnés par le créateur de la tragédie française à celui qui allait créer la comédie humaine. On ne songe qu'avec respect à ces entretiens à la fois familiers et sublimes, et on se demande pourquoi l'air qui passe emporte à jamais les paroles qui tombent parfois de la bouche du génie.

Ce sont ces séjours en province, l'étude qu'il faisait des mœurs, des traditions, des caractères

---

1. Cette salle, dit M. Noël, se trouvait vraisemblablement dans la rue des Charrettes ou au bas de la rue du Vieux-Palais; or les frères Corneille habitaient rue de la Pie, c'est-à-dire à quatre minutes du théâtre où Molière allait jouer *Nicomède* (voy. *Rouen, Promenades et souvenirs*).

et même du langage, des patois de la province, qui permirent à Molière de mettre au théâtre des types si divers de provinciaux, gentilshommes prétentieux comme M. de Sottenville, ou gens de peu, comme l'huissier Loyal de *Tartuffe* ou les paysannes de *Pourceaugnac*. Ce M. Loyal est bel et bien un Normand et Molière lui fait *patoiser* le langage des gars de Rouen tout aussi bien qu'il fit parler à ses mégères de *Monsieur de Pourceaugnac* le patois du Languedoc ou celui de Saint-Quentin. Ces patois divers, ceux du Midi, ceux de la Flandre, ceux du Poitou ou du Limousin, étaient d'ailleurs familiers à Molière : on ne parodie guère que ce qu'on a étudié. La latin macaronique, où s'amusait l'auteur du *Malade imaginaire*, en compagnie de Boileau et de La Fontaine, témoigne de la science que possédait le traducteur de *Lucrèce*. Le *baragouin* espagnol qu'il sème çà et là dans ses œuvres nous est un gage qu'il parlait couramment cette langue assez répandue au surplus presque au lendemain de l'occupation castillane.

Je m'étonne qu'avec cette connaissance approfondie des langages divers de nos provinces — patois dont la Convention devait abolir l'usage — Molière n'ait pas donné et les acteurs d'aujourd'hui ne songent pas, soit dit en passant, à rendre à M. de Pourceaugnac cet accent limousin, si spécial et si amusant. On a prétendu que Molière avait écrit cette farce, *Monsieur de Pourceaugnac*, à la suite d'un esclandre survenu sur son théâtre où un gentilhomme limousin se prit de querelle avec des spectateurs, et troubla ridiculement la représentation. Mais je pense que l'idée de cette bouffonnerie date, au contraire, des premières années de la vie littéraire de Molière, et de ces journées de pérégrinations artistiques où il dut récolter tant de souvenirs et recueillir tant d'impressions diverses. Un tradition locale, que j'ai recueillie à Limoges même, veut que Molière ait été sifflé par le public limousin et s'en soit vengé en créant ce type ridicule de Pourceaugnac, qu'il eût dû, pour être logique, appeler *Pourceaugnaud*, car les terminaisons en *aud* sont limousines (Vergniaud, Bugeaud, etc.), tandis que les terminaisons en *gnac* sont purement gasconnes [1].

1. Je recueille ici, d'après le bibliothécaire de Limoges, M. Goursolen, trois fragments peu importants, mais utiles à rapprocher, et qui composent le résumé de la *tradition limousine*, relativement à Molière et à *Monsieur de Pourceaugnac*.

Limoges au XVIIe *siècle*, par P. Laforest. (Limoges, *Chapoulaud frères*, 1862, in-8. A la page 6 : — Rencontrer à cent lieues de Paris, au fond des bois du Limousin, une société gracieuse et polie, une colonie d'artistes, une réunion d'hommes d'esprit et de savoir, tel est le genre d'étonnement que *La Fontaine* paraît avoir éprouvé, lorsque, en 1663, il accompagna son parent et son ami *Jeannart*, impliqué dans la disgrâce de *Fouquet* et exilé à Limoges. Si La Fontaine a eu des préventions, — et qui n'en aurait pas contre le pays de l'exil? — la réalité semble les avoir

Les Limousins auraient, au surplus, bien tort de garder rancune à Molière de cette raillerie, car, s'il se moque du *Cimetière des Arènes*, il donne, en somme, à Pourceaugnac un rôle assez enviable, en tous pays et en tous temps, ce ui de dupe et d'honnête homme. Nulle part d'ailleurs,

au moins en partie dissipées. « Je vous donne, écrit-il à sa femme, les gens de Limoges pour aussi fins et aussi polis que peuple de France. » C'est au palais épiscopal que se réunissait alors l'élite de la société limousine. Admis à Paris dans l'intimité de la célèbre marquise de *Lafayette*, et sans doute déjà lié avec l'évêque de Limoges, oncle de cette dame, La Fontaine y fut à portée d'observer de près et à loisir cette société. Il loue chez les femmes l'éclat et la blancheur de leur teint, etc.

En note. — La lettre du fabuliste, datée du 19 décembre 1663, en fait pressentir une seconde qui ne s'est pas retrouvée. On s'étonnera peut-être que, m'autorisant de *La Fontaine*, je ne dise rien de *Molière*; mais la satire de *Molière* trahit les ressentiments d'un amour-propre offensé. *Pourceaugnac* est une œuvre de vengeance qui ne saurait s'apprécier impartialement à Limoges.

Almanach limousin, année 1861. — Théâtre, par H. Ducourtieux : — L'accueil que Molière reçut de nos pères, plus tard les excentricités du marquis de *La Feuillade*, notre compatriote, contribuèrent pour beaucoup à la création de *Monsieur de Pourceaugnac*, cette mascarade burlesque où perce à chaque trait le ressentiment d'un esprit quinteux et rancunier. Nous sommes les premiers à rire aujourd'hui de ce Limousin si cruellement berné, mais pendant longtemps nos cadets

— ceci soit dit en passant, — la tristesse, la mélancolie de Molière ne se montre si cruellement que dans *Monsieur de Pourceaugnac*. Cette farce, si gaie, est en réalité lugubre comme le plus sinistre des drames. Les seuls honnêtes gens de la pièce, Oronte et M. de Pourceaugnac, y sont bernés sans pitié avec une ironie acharnée qui finit

eurent besoin d'avoir le pied ferme et la garde solide pour repousser les épigrammes qu'il attira sur leur tête. Heureusement pour eux qu'ils craignaient moins le frôlement d'une épée que le contact du fusil d'un apothicaire.

En note. — L'opinion que nous partageons sur l'accueil fait à Molière est celle-ci : « Au xviie siècle, les acteurs introduisaient parfois dans leurs rôles des réflexions et des allusions qui n'en faisaient pas partie; esprit fin et railleur, Molière s'abandonna probablement en scène à quelque répartie piquante qui fut immédiatement relevée par des spectateurs peu endurants, *inde iræ*. »

La Voix de la province, revue littéraire, année 1862, 1er numéro, Chronique : — *Molière*, on l'a répété bien des fois, fut sifflé à Limoges; mais ce que tout le monde ne sait pas, c'est qu'il s'attira cette humiliation en jouant la tragédie; il ne put jamais réussir dans ce genre, de l'aveu même de ses amis. En rappelant ce souvenir, je n'ai pas la pensée d'obscurcir la gloire du père de la Comédie-Française, je tiens à dire simplement que le ridicule qu'on donne aux Limousins est la meilleure preuve de la délicatesse de leur goût et de la sûreté de leur jugement.

(*Aucune indication d'origine.*)

par attendrir, et par exaspérer. Ce pauvre diable de Limousin qui tombe en plein Paris avec son bagage d'illusions et de confiance n'a commis, en somme, aucun crime. Sa seule faute est d'être né dupe comme tant d'autres naissent fripons. Il arrive, tout souriant, pour épouser la femme qu'on lui a promise.

Il est honnête, sain de corps et d'esprit, riche et facile à l'attendrissement. Voilà des qualités qui ne lui vont pas servir à grand'chose. Pauvre homme, que vas-tu faire en ce pays hanté par les suppôts de galères?

Éraste, l'éternel Éraste éventé, ricaneur, prêt à toute fraude, n'aimant que le plaisir, cœur sec et cerveau vide, s'associe à je ne sais quelle bande de vauriens pour jouer au provincial des tours qui mèneraient à présent leurs auteurs en police correctionnelle. On le berne, ce malheureux Pourceaugnac, on le fouaille, on lui lâche aux trousses la Faculté tout entière et le Parlement avec la Faculté, des apothicaires et des avocats, une légion de farceurs et de gredins qui l'escroquent, le pillent, l'enragent, lui enlèvent sa bonne humeur et lui volent son argent.

A tout cela Pourceaugnac oppose une douce résignation. Il est plus souriant qu'un stoïcien, le pauvre diable, et il est aussi résolu. Il conte ses peines au plus déterminé de ses ennemis, au Napolitain Sbrigani, drôle de sac et de corde, qu'il prend pour l'honneur même et le plus dévoué des amis. « Ah! dira-t-il tout à l'heure en l'embrassant, lorsqu'il partira pour Limoges, voilà le seul honnête homme que j'aie trouvé en cette ville! » Et Sbrigani répondra : « Par ma foi, voilà une grande dupe! »

Une grande dupe, à coup sûr. Reste à savoir s'il est bien triste d'être ainsi dupé. Pour moi, je n'échangerais jamais un tel rôle de dupe contre celui de dupeur. Pourceaugnac, berné et ridiculisé, domine ce monde de coquins de toute la hauteur de son honnêteté. Proportions gardées, il a en lui à la fois du Don Quichotte et du Sancho, de ce maigre chevalier qu'on risque d'éborgner en lui tirant des feux d'artifice dans les yeux, et de ce gros écuyer qu'on fait sauter si bien sur la couverture, mais qui, l'un et l'autre, l'un avec sa fièvre de dévouement, l'autre avec son bon sens terrible, nous paraissent si supérieurs à la foule qui les entoure.

Pourceaugnac est dupé, soit. Mais, après tout, le plus à plaindre, en cette affaire, est-ce lui ou le petit Éraste qui épouse si lestement la fille d'Oronte? Quand on n'aurait évité à M. de Pourceaugnac que ce mariage avec une coquette qui joue si bien la comédie et ment avec une telle audace et un tel sourire, on lui aurait rendu le plus grand des services. Et l'on a beau se moquer des infortunes de Pourceaugnac, voilà la moralité de la pièce : les dupes en fin de compte ont leur revanche. Il leur suffit d'attendre. Si les fourberies servaient toujours aux fourbes, on pourrait se désespérer; mais il est une balance en toutes choses, et les dupeurs brillants ne sont, en définitive, ni plus heureux, ni plus gras que les dupes qui se moquent d'eux après réflexion et les méprisent avant toute chose.

Molière, certes, n'avait point voulu faire ressortir cette vérité en écrivant *Monsieur de Pourceaugnac*. Il traçait une farce à la hâte et se donnait simplement la tâche d'amuser son public. Mais le génie n'abdique jamais, et jusqu'en cette folie de carnaval on retrouve le coup de pouce de celui qui fit le *Misanthrope*. A-t-on inventé rien de plus tragiquement comique que la scène de Pourceaugnac déclaré fou par les médecins? Il mange bien, c'est un symptôme; il dort mieux, plus de doute; il remue, son cas est sûr; il demeure immobile, le cas est grave; il crache, allons, décidément cet homme est fou! La question des aliénés qui nous préoccupe si fort à cette heure est tout entière dans cette scène, la satire la plus terrible à coup sûr qu'ait jamais lancée Molière contre la médecine.

L'impression que nous cause la vue de ce misérable homme assis dans un fauteuil entre deux fraters en robe noire et un apothicaire à nez de corbin est vraiment sinistre. On lui a ôté son épée, on le surveille, on l'épie; s'il fait mine de se relever, on le rassied en le poussant par les épaules. La scène prend aussitôt un triste aspect de cabanon. Les médecins vous font l'effet d'inquisiteurs, le matassin prend la figure d'un tortionnaire. On appellerait volontiers la police, et l'on réclamerait pour un peu du secours.

On le voit, il n'y a pas seulement pour nous une plaisanterie dans cette pièce bouffonne, il y a quelque chose de *sous-cutané* qui tient du drame, et ce n'est pas seulement pour se venger d'un *gentilhomme limosin* que Molière, comme on l'a dit, a composé cette noire parodie. S'il fut sifflé à Limoges, le coup dut, il est vrai, lui être sensible. Point de recette, bourse vide, sans compter la blessure faite à l'amour-propre, un coup de sifflet contient tout cela. Le Boulanger de Chalussay, dans son odieux pamphlet d'*Élomire hypocondre,* — dont nous reparlerons plus tard, — prétend qu'à cette date Molière, étudiant, émancipé, ayant quitté là Cujas et lui faisant la nique, se trouvait peu pourvu d'argent.

L'argent de nos goussets ne blessa point nos poches.

Propos d'ennemi, il est vrai. Dassoucy se contentait, on l'a vu, de l'ordinaire de Molière et de ses compagnons.

Toujours est-il que, si Limoges fut sévère à Molière, la Normandie lui fut accueillante et amie. Le succès de Molière à Rouen fut tel que l'écho en parvint jusqu'à Paris, et le roi lui-même voulut voir de près le comédien dont on parlait tant. Ce fut le 24 octobre 1658 que Molière et ses camarades eurent l'honneur de paraître devant Louis XIV et devant la Cour. On avait, tout exprès pour eux, dressé dans la salle des Gardes du Louvre un théâtre sur lequel Molière monta le premier. Tout d'abord, la troupe joua *Nicomède*, de Corneille; le succès fut modéré. Molière, sentant bien que la représentation semblait au roi une déception, demanda à jouer une de ses farces ordinaires, qu'on n'attendait pas, et il enleva gaiement et de verve le *Docteur amoureux*. Ce fut alors un vaste éclat de rire dans la salle des Gardes. Les actrices surtout, disent les témoignages du temps, parurent charmantes. Ce vif succès décida l'établissement de la troupe de Molière à Paris[1].

La salle du Petit-Bourbon fut accordée aux comédiens pour y jouer alternativement avec les Italiens. Et la troupe de Molière prit dès lors le nom de la *Troupe de Monsieur*.

Les débuts furent difficiles au Petit-Bourbon, si l'on en croit encore un des ennemis les plus acharnés de Molière, l'auteur d'*Élomire hypocondre*. Dans cette pièce, Le Boulanger de Chalussay fait raconter à Élomire (anagramme de Molière) les tribulations premières de l'ouverture du théâtre:

[1]. Louis XIV devait plus tard se consoler de la mort de ce Molière qu'en 1658 il accueillait si bien, en accordant un privilége à peu près semblable à un montreur de marionnettes nommé Dominique de Mormandin. (*Voir aux Documents* le *Privilége* accordé aux *Pygmées* par le grand Roi. — Cette pièce intéressante est *inédite*.

> Là, par *Héraclius,* nous ouvrons un théâtre,
> Où je croy tout charmer et tout rendre idolâtre...
> ... Je prends cœur, toutefois, et d'un air glorieux
> J'affiche, je harangue, et fais tout de mon mieux;
> Mais inutilement je tentay la fortune :
> Après *Héraclius,* on siffla *Rodogune;*
> *Cinna* le fut de mesme et le *Cid* tout charmant
> Receut, avec Pompée, un pareil traitement.
> Dans ce sensible affront, ne sçachant où m'en prendre,
> Je me vis mille fois sur le point de me pendre;
> Mais d'un coup d'étourdy qui causa mon transport,
> Où je devois périr, je rencontray le port.
> Je veux dire qu'au lieu des pièces de Corneille,
> Je jouay l'*Étourdy* qui fut une merveille.
> Car à peine on m'eut veu la hallebarde au poing,
> A peine on eut oüy mon plaisant baragouin,
> Veu mon habit, ma toque, et ma barbe et ma fraise,
> Que tous les spectateurs furent transportez d'aise.

Ainsi, avec l'*Étourdi* le succès venait, indiscutable. Le charme était rompu et le mauvais sort écarté. Acteur et auteur, Molière avait séduit et pour toujours conquis le public.

Ce n'est rien, cet *Étourdi,* un caprice, une fantaisie, un balbutiement de ce génie qui créera un jour *Alceste* et *Tartuffe.* Mais c'est un chef-d'œuvre. Quelle verve brillante et quel éclat de style et de gaieté! La pièce finit à chaque scène pour recommencer aussitôt. Mascarille trouve dans son cerveau de fourbe les fantaisies les plus éclatantes et les ruses les moins prévues. C'est un roulement incessant de railleries et d'esprit. Le monde bariolé de la comédie italienne court à travers ces scènes comme des mimes méridionaux échappés en pleine Gaule. C'est un de ces caprices allègres et charmants où s'ébat, le bonnet sur l'oreille, le cœur sur la main, le mot vif sur la langue, le libre génie français. C'est un Français, en effet, et mieux que cela, un Parisien, cet adorable étourdi, bourdonnant comme une mouche diaprée, donnant de l'aile contre toutes les vitres, défaisant, avec un éclat de rire satisfait, la trame de Pénélope qu'a péniblement bâtie son valet ; c'est un des nôtres, hélas ! un de nos semblables, un de ces sympathiques badauds et de ces chers écervelés qu'aimait Montaigne et que Rabelais ne détestait point ; et nous pouvons tous plus ou moins nous reconnaître en lui. O peuple de badauds et d'étourdis ! Quand donc épouserons-nous enfin la belle esclave que retient au logis le bonhomme Trufaldin, et qui s'appelle la Liberté ?

Puis, à côté de cet étourdi des bords de la Seine, sautille et pérore Mascarille, le roi de la Chiaja, le Napolitain admirable et pendable, le demi-dieu des drôles, un des types de rouerie les mieux exécutés par ce Molière qui aimait la ruse comme Balzac aimait la force, et qui s'inclinait devant Mascarille, *fourbum imperator*, comme l'autre devant Vautrin, le roi des coquins.

Quel plaisir parfait on éprouve à écouter cette langue impérissable et jeune ! Et cela date de deux siècles ! Et les comédies contemporaines les plus applaudies et les plus fanées déjà datent de dix années à peine! Quel étonnement! On croirait voir, en comparant telle comédie célèbre à cette fantaisie de Molière, un dessin d'un journal de mode à côté d'un croquis de Callot; on croirait entendre une chanson à jamais charmante, éclose sous le ciel de Naples, après un vieux refrain de canotiers retrouvé dans les échos de Bougival.

Cette comédie ensoleillée, l'*Étourdi*, donne exactement l'impression d'un doigt de vin muscat dégusté sous la treille, en face de la mer bleue, de Sorrente ou de Caprée. C'est Molière à Naples et s'amusant avec Pulcinella, tout en songeant à Georges Dandin.

III

MOLIÈRE INTIME.

E n'était pas, lorsque Molière vint interpréter *Nicomède* devant le roi, la première fois qu'il jouait la comédie à Paris. Plusieurs années auparavant, « quelques bourgeois » et lui s'étaient, nous l'avons vu, avisés de jouer la comédie entre compères. Molière, mordu par l'amour du théâtre, avait, dit-on, trouvé un encouragement chez son grand-père, qui l'adorait et qui, en vrai Parisien, adorait aussi le théâtre. Lorsque Poquelin le père se fâchait de voir son fils courir écouter les bouffons, le grand-père souriait et se disait qu'après tout le métier de comédien avait ses charmes. Bref, Molière et ses amis les amateurs de théâtre s'établirent dans le jeu de Paume de la Croix-Blanche, au faubourg Saint-Germain. « Ce fut alors, dit un biographe [1], que Molière prit le

---

1. Bruzen de la Martinière qui compléta ou plutôt refit la *Vie de Molière* de Grimarest, et se servit des souvenirs d'un vieux comédien de la troupe de Molière,

nom qu'il a toujours porté depuis, mais lorsqu'on lui a demandé ce qui l'avoit engagé à prendre celui-là plutôt qu'un autre, jamais il n'en a voulu dire la raison, même à ses meilleurs amis. Ce silence n'a rien de fort merveilleux : peut-être que la *Polyxène*, roman qui avoit alors quelque réputation et dont l'auteur se nommoit Molière, eut quelque part à ce choix. »

Bret, dans son édition des *Œuvres de Molière* (Paris, 1773), fait suivre la *Vie de Molière* par Voltaire, qu'il réimprime, d'un supplément où il rapporte une tradition qu'il est bien difficile de contrôler, mais qu'on ne sauroit passer sous silence. A en croire Bret, « un nommé Poquelin, Écossois, fut un de ceux qui composèrent la garde que Charles VII attacha à sa personne sous le commandement du général Patilloc. Les descendants de ce Poquelin s'établirent, les uns à Tournai, les autres à Cambrai, où ils ont joui longtemps des droits de la noblesse : les malheurs des temps leur firent une nécessité du commerce dans lequel quelques-uns d'entre eux vinrent faire oublier leurs priviléges à Paris. »

---

nommé Marcel. L'édition que j'ai consultée est celle d'Amsterdam, 1735. Les *Œuvres de M. de Molière, augmentées d'une nouvelle Vie de l'auteur,* avec figures en taille-douce (Amsterdam, chez Herman Uytwerf, 1735). Cette édition contient l'*Ombre de Molière*, de Brécourt. — La tradition relative au grand-père de Molière est sans doute apocryphe.

Que le Poquelin, père de Molière, descendît de ces Poquelin d'Écosse ou qu'il fût tout bonnement de race parisienne, toujours est-il que Molière seul nous inquiète, nous intéresse, et que le nom de guerre du jeune homme a fait oublier l'autre devant la postérité. Et pourtant on connaît aujourd'hui, grâce aux recherches de M. Eud. Soulié, les parents de Molière jusque dans les vêtements dont ils se vêtaient, on a compté les bijoux et les collerettes de Marie Cressé, on a pénétré dans ce riche intérieur de marchand tapissier, on a, pour ainsi dire, touché le décor qui encadrait la vie quotidienne de ces honnêtes bourgeois parisiens, enrichis par leur constant labeur et leur vieille probité. Molière, lui, allait et venait, courait la ville, écoutait, étudiait, et, avant de monter sur l'*Illustre-Théâtre*, s'amusait aux lazzis de Scaramouche et s'instruisait aux leçons de Gassendi. On sait qu'à ces leçons, il rencontrait Bernier, Hesnaut, Cyrano-Bergerac. Avec ce dernier, il avait esquissé déjà quelque comédie, et plus tard, lorsqu'il emprunta un mot devenu célèbre au *Pédant joué* de Cyrano, il ne fit, comme il le dit, que reprendre son bien où il le trouvait [1].

1. Ce mot est celui des *Fourberies de Scapin*. Dans le *Pédant joué*, Cyrano fait dire, dans la scène entre Granger et Corbinelli (acte II, scène IV) : — *Que diable aller faire dans la galère d'un Turc!* — Il avait peut-être emprunté le trait aux premiers essais de Molière. D'ailleurs, il gâte bien vite ce que l'exclamation a de char-

La vie de province, cette dure vie laborieuse, avait fait que Molière, arrivant à Paris, possédait désormais plus de sujets qu'il n'en fallait pour alimenter son théâtre. « On ne lui a jamais donné de sujets, dit B. de la Martinière. Il en avoit un magasin d'ébauchez par la quantité de petites farces qu'il avoit hasardées dans la province. » On a vu qu'il avait débuté au Louvre par le *Docteur amoureux*. Mais son répertoire comptait alors bien d'autres pièces dont nous n'avons plus que les titres et qui ne figurent point dans ses œuvres complètes. *L'Étourdi*, imité de *l'Inadvertito*, ouvre la marche des comédies que la postérité a recueillies, mais avant *l'étourdi*, Molière n'avait-il pas écrit le *Docteur amoureux*, les *Trois Docteurs rivaux*, le *Maître d'école*, le *Médecin volant*, la *Jalousie de Barbouillé*, sans compter les farces qu'on lui attribue, le *Fagoteux*, le *Médecin par force*, *Gorgibus dans le sac*, le *Grand Benêt de fils*, et certaine comédie en trois actes, *Joquenet ou les vieillards dupés*, où le bibliophile Jacob a cru trouver la première forme des *Fourberies de Scapin* [1] ?

Molière écrivit même alors des ballets et M. P. Lacroix a publié le ballet des *Incompatibles*, à huit entrées, dansé à Montpellier devant Mgr le Prince

---

mant par un trait de mauvais goût : *O galère! galère!* s'écrie Granger, *tu mets bien ma bourse aux galères!*

[1]. *L'Alcantor de Joquenet* ne serait autre qu'Argante, *Garganelle* que Géronte, et *Sylvie* que Zerbinette.

et Mme la Princesse de Conti (d'après l'édition de Montpellier 1655). Quelques vers de cette pièce sembleraient indiquer que Molière a placé là des fragments de sa traduction de Lucrèce, mais je doute que ce ballet des *Incompatibles*, soit son œuvre. Il y figura assurément et l'on y trouve indiqué :

Le sieur Molière, représentant une harengère.

Voici même les vers qu'il était chargé de débiter :

Je fais d'aussi beaux vers que ceux que je récite
    Et souvent leur style m'excite
A donner à ma muse un glorieux employ.
Mon esprit, de mes pas, ne suit pas la cadence,
Loin d'estre incompatible avec cette éloquence,
Tout ce qui n'en a pas l'est toujours avec moy.

Je ne partage pas l'opinion de M. P. Lacroix qui pense que ces vers signifient que la pièce était de Molière. Mais j'enregistre ce passage d'une particularité évidemment assez curieuse[1].

C'est pourtant en cherchant et en conjecturant ainsi qu'on parviendra peut-être à retrouver (j'en doute après deux siècles) les fragments dispersés des œuvres inédites de Molière, par exemple, de

---

1. Le ballet des *Incompatibles* a été réimprimé aussi à la suite du curieux et savant travail de M. Lacroix sur la *Jeunesse de Molière* (Bruxelles, avec préface de F. Delhasse).

cette comédie inconnue de l'*Homme de cour*, — son chef-d'œuvre, disait-il, — que la mort ne lui a point permis d'achever.

On recherche à la fois, et à cette heure, toutes les reliques de Molière pour en composer un musée spécial qu'il sera curieux d'étudier. Et les autographes du grand comique, ces autographes si rares et si précieux, on leur fait la chasse, et quelle joie si on parvenait à en découvrir encore quelqu'un d'inédit, comme vient de le faire le directeur des Archives de Montpellier! On sait que Beffara, le commissaire de police érudit, grand admirateur, admirateur passionné de Molière, demanda un jour, par lettre rendue publique, si on ne pouvait le mettre sur la trace des manuscrits perdus de Molière. Après le décès de Molière, disait-il, sa veuve remit au comédien Lagrange (mort en 1692) des manuscrits, des papiers que celui-ci dut sans doute laisser à sa veuve. La veuve de Lagrange, qui ne mourut qu'en 1727, vendit sa bibliothèque et les manuscrits aussi, on n'en peut douter. Mais Lagrange avait un gendre, M. Musnier de Troheou, payeur des États de Bretagne ; ne serait-il point, demandait Beffara, devenu propriétaire de ces manuscrits ? Un vieillard, ne parlant que d'après une tradition, assurait que M. Musnier de Troheou avait déposé tous ses papiers (et, par conséquent, les manuscrits de Molière, s'il en possédait) dans un château situé en Normandie et dépendant d'un endroit qui s'ap-

pelait Ferrière ou la Ferrière. « Y seraient-ils
restés jusqu'à présent, disait encore Beffara, sans
que personne les fît connaître ? »

Depuis que Beffara adressait cette question au
public, bien des années se sont passées et les manuscrits de Molière n'ont pas été découverts.
Peut-être la célébration du deux centième anniversaire de sa mort appellera-t-elle l'attention sur
des recherches nouvelles ; il est permis d'en douter,
et cependant ne vient-on pas de découvrir à Montauban, dans un coin du musée, un portrait
authentique, dit-on, de Molière, de Molière jeune
et courant la France à la tête de l'*Illustre-
Théâtre* ? M. Michelet, il y a longtemps, visitant
le musée de Montauban, s'était arrêté devant ce
portrait et avait deviné que c'était Molière.

Et puisque le hasard nous remet ainsi sur la
trace des images de nos grands hommes, pourquoi
ne nous ferait-il pas découvrir aussi quelque jour
une page inconnue et tombée de leur plume,
un cahier de papier jauni contenant une œuvre
dont le titre seul a survécu, des lambeaux déchi-
rés, maculés et plus précieux cent fois que les
plus purs vélins ? Qui sait s'il n'y a pas, dans
l'angle poudreux de quelque vieille bibliothèque,
un rouleau sali dont on ne toucherait les feuillets
qu'avec respect et dont tout ce qui pense au
monde étudierait avec fièvre les lignes à demi
illisibles ? Qu'est devenu ce travail dont nous
parlions tout à l'heure, cette traduction de *Lucrèce*,

entreprise par Molière, qui traduisait Lucrèce comme Victor Hugo a traduit Lucain ? Qu'est devenue la comédie du *Docteur amoureux*, et celle du *Maître d'école*, et celle des *Trois Docteurs rivaux* que Molière jeune improvisait en route sur les grands chemins du « roman comique » et de « l'art en voyage ? »

Ce ne sont point d'ailleurs les seules œuvres de sa jeunesse qu'on pourrait souhaiter de retrouver aujourd'hui. Ne devinerait-on pas une sorte de Molière en fleur, si je puis dire, dans ces farces ignorées, *le Fagoteux, le Médecin par force, Gorgibus dans le sac, le Grand benêt de fils,* dont on ne connaît, en somme, que les étiquettes, et n'évoquent-elles pas aussitôt les figures si célèbres et éternellement comiques du *Médecin malgré lui,* de Scapin fourré dans ce sac que Boileau appellera ridicule, et du fils de Diafoirus, immobile et pâle, juché sur sa chaise et tournant son chapeau entre ses doigts, comme le berger Agnelet ?

Sans doute la découverte de ces essais et de ces œuvres de la première heure n'ajouterait rien à la gloire, à la physionomie littéraire de Molière, mais on aime à connaître le génie jusque dans ses balbutiements. Ces *reliquiæ* et ces fragments sont comme les hochets de l'enfant que la mère conserve avec piété et qu'elle regarde encore quelquefois, lorsque l'enfant est devenu un homme. Il faut tout aimer dans ceux qu'on aime, et c'est pourquoi les recherches des érudits, les patientes études des amoureux de Molière ne pourront, même si elles aboutissent seulement à demi, que servir utilement à la littérature entière de tous les pays et de tous les temps, en augmentant la renommée du grand comique français.

Nous avons vu Molière arriver à Paris et s'y fixer. Il avait trente-six ans. Il rapportait de la province une science profonde de la vie et des travers humains. Il n'avait donc plus qu'à mettre en œuvre les documents amassés en route.

Ce n'était pas assez d'être établi à Paris, il y était applaudi. Quelques années auparavant, le prince de Conti avait voulu le prendre pour secrétaire, et Molière, avide surtout d'indépendance, n'avait pas hésité entre cette existence offerte et assurée et la vie de hasard du théâtre. « Je suis un auteur passable, avait-il répondu au prince, et je puis être un fort mauvais secrétaire ! Et quel service peut rendre un misanthrope et un capricieux comme moi ? D'ailleurs je n'ai pas les sentiments assez flexibles pour la domesticité ! Ensuite, si je quittois mon théâtre, que deviendroient ces pauvres gens que j'ai amenés de si loin ? » On trouve déjà là la réponse admirable de Molière mourant. Marcel raconte que Molière demanda au prince de Conti cette place de secrétaire pour M. de Simoni et, cigale parisienne, se remit à rimer et à chanter.

Ce théâtre du Petit-Bourbon, où Molière s'était

établi, ne devait pas durer longtemps. En octobre 1660, la salle fut démolie pour laisser libre la construction du grand portail du Louvre. Le roi accorda à la troupe de son comédien favori la salle de théâtre du Palais-Royal, où le cardinal de Richelieu avait autrefois fait représenter ses propres tragédies et fait parodier le *Cid* de son rival Corneille. Le 4 février 1661, Molière donnait là sans succès son *Don Garcie de Navarre* et ce n'était que le 24 juin suivant, avec l'*École des maris*, qu'il retrouvait sa veine et ses applaudissements ordinaires. Lorsque M. Édouard Thierry, dont l'érudition fait loi en matière théâtrale, aura publié le *Manuscrit* de Lagrange (Varlet), — cet honnête homme et loyal artiste qui a écrit, jour par jour, la chronique du théâtre de Molière, — nous saurons au juste comment fonctionnait ce théâtre qui s'ouvrait pour le public tous les mardis, vendredis et dimanches [1].

1. Les représentations ne devinrent quotidiennes qu'après la mort de Molière. Je trouve ce renseignement chez Vinot et Lagrange :

« Après la mort de M. de Molière, le Roy eut dessein de ne faire qu'un troupe de celle qui venoit de perdre son illustre chef et des acteurs qui occupoient l'hôtel de Bourgogne, mais les intérêts des familles des Comédiens n'aïant pu s'accommoder, ils supplièrent Monsieur d'avoir la bonté de laisser les troupes séparées comme elles étoient, ce qui leur fut accordé ; à la reserve de la salle du Palais Roïal, qui fut destinée pour la représentation des opéra en musique. Ce changement obligea les

Ce manuscrit de Lagrange porte, sur son premier feuillet, cette mention : « Le sieur de Molière et sa troupe arrivèrent à Paris au mois d'octobre 1658 et se donnèrent à *Monsieur*, frère unique du roi, qui leur accorda l'honneur de sa protection et le titre de ses comédiens, avec 300 livres de pension pour chaque comédien. » Cette munificence, dit M. Étienne Arago dans une étude excellente sur Molière[1], semblerait assurément très-louable si le manuscrit ne gardait pas en réserve la note suivante de la main même de Lagrange : « *Les trois cents livres n'ont jamais été payées.* »

On trouvera dans ce registre du comédien, monument sans prix et sans équivalent, la liste de ces *visites* ou représentations de la troupe de Molière chez le roi, les princes, les particuliers, chez M. Le Tellier, par exemple, un jour de mardi gras. Je copie deux de ces notes intéressantes.

« Vendredi 14 aoust 1665, la troupe alla à Saint-Germain-en-Laye, le roy dit au sieur de Molière qu'il vouloit que la troupe dorénavant lui appartint et la demanda à Monsieur. Sa Majesté donna

compagnons de Molière à chercher un autre lieu, et ils s'établirent avec permission et sur les ordres de Sa Majesté, rue Mazarine, au bout de la rue Guénégaud, toujours sous le même titre de la troupe du Roy. »

1. *Le Livre d'or, Plutarque universel* (tome Ier, in-4, 1866).

en même temps 6000 livres de pension à la troupe qui prit congé de Monsieur, lui demanda la continuation de sa protection, et prit ce titre : *La troupe du roy.* »

« Le vendredi 12 juin 1665, la troupe est allée à Versailles par ordre du roy ; on a joué le *Favory* dans le jardin, sur un théâtre tout garni d'orangers. M. de Molière fit un prologue en marquis ridicule qui vouloit être sur le théâtre malgré les gardes, et eut une conversation risible avec une actrice qui fit la marquise ridicule placée au milieu de l'assemblée[1]. »

Le roi, on le voit, aimait fort Molière, mais il est bon d'ajouter qu'il aimait plus en lui le *bouffon* que le *philosophe*. Sachons gré à Louis XIV d'avoir laissé jouer *Tartuffe*, mais ne lui en accordons pas trop le mérite. Pour lui, Molière était *sa chose* et il le protégeait plus encore parce qu'il était « à lui » que parce qu'il était homme de génie[2].

---

1. Voyez dans le très-savant et amusant ouvrage de M. Édouard Fournier, *le Roman de Molière*, le chapitre consacré à *Molière, d'après le registre de La Grange.*

2. M. Étienne Arago a trouvé dans un manuscrit de Philibert de Lamare, conseiller au parlement de Dijon, commencé en 1673 (Bibliothèque Richelieu), une anecdote qui ne se rencontre que là, mais qui n'a rien d'improbable :

« Molière, fameux comédien, ayant fait et représenté une pièce de théâtre ayant pour titre *Le Marquis Étourdi* (le conseiller Philibert de Lamare fait confusion) dans laquelle il avait, avec une exactitude non-

D'ailleurs il lui préférait les bouffons italiens, ou du moins il les payait davantage. Ces acteurs italiens n'allaient-ils pas être appelés par les envieux les maîtres et les inspirateurs de Molière? Sans doute, Molière leur avait fort emprunté, mais comme le génie emprunte, en transformant, en *sublimant*, en faisant du fer brut un acier trempé, solide et étincelant. Il suffirait, pour appuyer notre opinion, de comparer l'*Étourdi*, par exemple, à la fantaisie italienne d'où Molière a tiré ce pimpant chef-d'œuvre. Cependant rendons justice à qui de droit et sachons remonter aux sources.

M. Louis Moland a d'ailleurs recherché déjà, dans un volume spécial, quelle influence la littérature étrangère avait exercée sur son auteur, et ce qu'il y avait d'exotique dans le talent du grand comique [1].

pareille, représenté les gestes, les actions, et paroles ordinaires du comte de La Feuillade, duc de Rouennais; le comte, piqué au vif de cette injure, fit dessein de faire assassiner Molière, et étant au petit coucher du roi où on parlait du comédien, il dit au roi : « Sire, « Votre Majesté se pourrait-elle passer de Molière? » Le roi qui savait le mal que le comte voulait au comédien, et jugeant de son dessein, lui répondit : « La « Feuillade, je vous entends bien ; je vous demande la « grâce de Molière. » Ce mot désarma la colère du comte. »

Il eût été triste que Molière mourût comme était mort Tabarin, assassiné par un gentilhomme.

1. *Molière et la Comédie italienne.*

Molière emprunta beaucoup. Il doit moins que Corneille, sans doute, aux Espagnols, mais Calderon et Lope auraient certainement encore le droit de réclamer leur dette. Quant aux Italiens, ce sont ses créanciers naturels. Tels de ses personnages sont Italiens de pied en cap. Il avait beaucoup lu les auteurs de ce pays, il fréquentait, avons-nous dit, les bouffons italiens si fort applaudis alors à Paris. « Molière, écrit Palaprat, vivait dans une étroite familiarité avec les Italiens, parce qu'ils étaient bons acteurs et fort honnêtes hommes. » Le *Tartuffe* lui fut inspiré peut-être par la comédie de l'Arétin, *Io Ipocrito*, et il est certain que le *Festin de Pierre* est imité du *Convitato di Pietra* que les *Comédiens de l'Art* jouaient en 1657, sur canevas, au théâtre du Petit-Bourbon.

On retrouverait dans ce *Convié de Pierre* le Sganarelle de Molière sous le costume d'Arlequin, et la jolie scène de Don Juan entre Charlotte et Mathurine est indiquée à demi dans le scénario italien. Mais, encore un coup, que Molière dépasse ceux qu'il imite! Comme *Tartuffe* est au-dessus de l'*Hypocrite* d'Arétin! A quelle hauteur s'élève le Don Juan français! On peut dire encore que Molière emprunte ses sujets comme le sculpteur achète de la glaise pour la pétrir et la changer en statue. Qui n'a pas fait ainsi? Quelle est l'œuvre humaine où quelqu'un en même temps que son auteur n'ait pas collaboré?

On peut vraiment affirmer qu'en matière d'art il

n'est point de génération spontanée. « *La meilleure partie du génie*, disait Gœthe, *se compose de souvenirs.* »

Ce que Molière a emprunté surtout aux Italiens, c'est l'action dramatique, l'art d'embrouiller adroitement une intrigue et de faire agir ses personnages au lieu de les laisser trop longuement parler. Ces Italiens qu'il étudiait, les Scaramouche et les Trivelin, avaient le geste délié autant que la langue. Il s'inspira de leur pantomime et dota la scène de ces drôles alertes, agiles comme des acrobates, les jambes fendues et la conscience élargie, Scapins et Sbriganis, propres à tous les travestissements et à toutes les escalades.

Ces fantoches italiens, si originaux, d'un caractère et d'une personnalité si nettement tranchés, devaient bien vite séduire un homme né, comme Molière, avec le génie dramatique : ils sont le mouvement et la vie mêmes, la bouffonnerie incarnée. L'Italie, on peut le dire, se personnifie dans ses masques. De Turin à Venise et de Florence à Rome, *Gianduja, Pantaleone, Stenterello, Meneghino* viennent déposer de la verve ou de la sottise d'une province. Les créations de la *Commedia dell' arte* ont personnifié l'esprit national. Bologne, la savante, est incomplète sans le *Docteur;* Bergame, c'est l'*Arlequin*, à la fois sot et rusé. Autant que le lion de Saint-Marc, *Pantaleone*, le marchand, représente la commerçante Venise asservie. Et les plaisanteries de *Cassandrino* ont plus d'une fois consolé les Romains esclaves.

Molière eut la gloire de faire de ces *masques* des *hommes*, de mettre du sang humain dans les veines de ces fantoches. Il emprunta, pour répéter encore le mot, les costumes, mais il inventa et donna l'âme à ces personnages. Et voilà bien pourquoi il est immortel.

Il se trouvait déjà, au surplus, quelques années à peine après son arrivée à Paris, dans une période de calme qui lui permettait de tout oser, de tout espérer.

« On ne pouvoit, dit un de ses meilleurs biographes, souhaiter une situation plus heureuse que celle où il étoit à la cour, et à Paris, depuis quelques années. Cependant il avoit cru que son bonheur seroit plus vif et plus sensible s'il le partageoit avec une femme; il voulut remplir la passion que les charmes naissans de la fille de la Béjart avoient nourrie dans son cœur, à mesure qu'elle avoit crû. Cette jeune fille avoit tous les agrémens qui peuvent engager un homme et tout l'esprit nécessaire pour le fixer. Molière avoit passé des amusemens que l'on se fait avec un enfant à l'amour le plus violent qu'une maîtresse puisse inspirer. Mais il savoit que la mère avoit d'autres vues, qu'il auroit de la peine à déranger. C'étoit une femme altière et peu raisonnable ; lorsqu'on n'adhéroit pas à ses sentimens : elle aimoit mieux être l'amie de Molière que sa belle-mère;

ainsi il auroit tout gâté de lui déclarer le dessein qu'il avoit d'épouser sa fille. Il prit le parti de le faire sans en rien dire à cette femme. Mais comme elle l'observoit de fort près, il ne put consommer son mariage pendant plus de neuf mois; c'eût été risquer un éclat qu'il vouloit éviter sur toutes choses; d'autant plus que la Béjart, qui le soupçonnoit de quelque dessein sur sa fille, le menaçoit souvent en femme furieuse et extravagante, de le perdre, lui, sa fille et elle-même, si jamais il pensoit à l'épouser. Cependant la jeune fille ne s'accommodoit point de l'emportement de sa mère, qui la tourmentoit continuellement et qui lui faisoit essuyer tous les désagrémens qu'elle pouvoit nventer; de sorte que cette jeune personne, plus lasse peut-être d'attendre le plaisir d'être femme que de souffrir les duretez de sa mère, se détermina un matin de s'aller jetter dans l'appartement de Molière fortement résolue de n'en point sortir qu'il ne l'eût reconnue pour sa femme, ce qu'il fut contraint de faire. Mais cet éclaircissement causa un vacarme terrible; la mère donna des marques de fureur, de désespoir, comme si Molière avoit épousé sa rivale, ou comme si sa fille fût tombée entre les mains d'un malheureux. Néanmoins il fallut bien s'apaiser, il n'y avoit point de remède; et la raison fit entendre à la Béjart que le plus grand bonheur qui pût arriver à sa fille, étoit d'avoir épousé Molière, qui perdit par ce mariage tout l'agrément que son mérite et sa fortune pouvoient lui procurer, s'il avoit été assez philosophe pour se passer d'une femme [1]. »

Est-il besoin de réfuter l'infâme calomnie qui arriva jusqu'aux oreilles du roi et qui vouloit que Molière eût épousé sa propre fille? Durant les deux années qui précédèrent la naissance d'Armande, il est prouvé que Molière et la Béjart n'ont absolument pu s'être rencontrés. Les dates répondent mieux encore que les raisonnements. Au surplus Armande n'était point la fille, mais la sœur de Madeleine. Louis XIV, méprisant ces mensonges, y répliqua en servant lui-même de parrain au premier enfant de Molière [2].

Ce mariage n'en fut pas moins, on le sait, le

[1]. *Vie de Molière*, dans l'édition de ses *Œuvres* (Amsterdam, chez Herman Uytwerf, 1735). Beffara a prouvé, par la publication de l'acte authentique du mariage de Molière, qu'Armande était *la sœur* et non *la fille* de Madeleine Béjart. Mais le récit que voici n'en est pas infirmé pour cela. Armande, fille ou sœur de Madeleine, dut agir de même. (Voir le *fac simile* autographié de l'acte découvert par Beffara, dans l'édition des *Grands écrivains français* de M. Alph. Pagès.)

[2]. Ce petit Louis, né le 19 janvier 1664, mourut le 10 novembre de la même année. Molière eut encore un fils, Pierre-Baptiste-Armand, né le 15 septembre 1672, mort le 11 octobre de la même année. Son troisième enfant fut une fille, Esprit-Madeleine, née le 4 août 1665. Sa mère voulait en faire une religieuse. Elle mourut jeune. C'est elle qui répondait à quelqu'un qui lui demandait son âge : « Quinze ans et demi, mais n'en dites rien à ma mère! »

malheur à jamais irréparable de la vie de Molière. La coquetterie, l'infatuation d'Armande devaient empoisonner les jours et les veilles du poëte. C'est qu'il l'aimait, il l'aimait de toute la passion d'un homme plus âgé pour une jeune fille séduisante, irrésistible. On a voulu nier que la comédienne, qui, dès le lendemain de son mariage, *prenait des airs de duchesse,* ait jamais trompé son époux. « Moi, dit Mme Sand dans la préface de son drame intitulé *Molière,* je crois que Molière eût *méprisé et oublié* une femme dissolue ; je crois qu'il a pu estimer la sienne, qu'il n'a souffert que de son ingratitude, de sa coquetterie, de ses travers, de sa sécheresse, et que c'en était bien assez pour le tuer. » Certes, mais comment soutenir que Molière ne souffrit que de cette humeur ? Nous verrons bientôt comment ses ennemis, Le Boulanger de Chalussay, entre autres, dans son *Élomire hypocondre,* abordaient sans honte ce douloureux sujet des souffrances et des malheurs domestiques de Molière. Une tradition veut que Molière ait rencontré, durant ses voyages, à Avignon, le peintre Mignard, qui revenait d'Italie et se proposait d'aller dessiner les ruines d'Orange et de Saint-Remi. Molière, qui devait plus tard chanter Mignard dans son *Poëme du Val-de-Grâce,* se lia d'amitié avec lui, et le recueil qui a pour titre *Anonymiana* assure que plus tard il s'éprit de la fille de Mignard, qui devint Mme de Feuquières. Pourquoi la destinée ne voulut-elle pas que cet honnête homme épousât cette honnête femme?

Mlle Molière, celle qui devait demeurer plus célèbre encore sous le nom plus méprisant de la Guérin[1], était-elle donc vraiment jolie? Elle était charmante, au dire de tous les contemporains, et lorsque, dans les fêtes que Fouquet donna à Vaux, Molière la fit paraître en naïade, — ce qui était au moins imprudent, — il y eut un concert d'éloges dans l'assistance. Loret, dans sa *Gazette*, nous a laissé un croquis assez rapide de la Molière (1663) :

> Pour vous peindre, belle Molière,
> Il faudrait qu'un dieu jeune et beau
> Guidât les traits de mon pinceau.
> C'est une grâce singulière
> Qui brille en ce jeu doux et fin,
> C'est un esprit... c'est vous enfin.

Mais Molière lui-même, dans le *Bourgeois gentilhomme*, décrit avec une sorte de passion l'objet de cet amour, cette femme qui n'était ni belle, ni jolie, mais irrésistible :

COVIELLE.

Premièrement, elle a les yeux petits.

CLÉANTE.

Cela est vrai, elle a les yeux petits, mais elle les

---

1. Voyez l'édition de l'*Histoire de la Guérin,* qu'a publiée, avec une préface et des notes, M. Jules Bonnassies.

a pleins de feu, les plus brillants, les plus perçants du monde, les plus touchants qu'on puisse voir.

COVIELLE.

Elle a la bouche grande...

CLÉANTE.

Oui, mais on y voit des grâces qu'on ne voit point aux autres bouches, et cette bouche, en la voyant, inspire des désirs; elle est la plus attrayante, la plus amoureuse du monde.

COVIELLE.

Pour sa taille, elle n'est pas grande.

CLÉANTE.

Non, mais elle est aisée et bien prise.

COVIELLE.

Elle affecte une nonchalance dans son parler et dans ses actions.

CLÉANTE.

Il est vrai, mais elle a grâce à tout cela. Ses manières sont engageantes, ont je ne sais quel charme à s'insinuer dans les cœurs.

COVIELLE.

Pour de l'esprit...

CLÉANTE.

Ah!... elle en a, Covielle, du plus fin et du plus délicat.

COVIELLE.

Sa conversation...

CLÉANTE.

Sa conversation est charmante.

COVIELLE.

... Mais enfin, elle est capricieuse autant que personne au monde.

CLÉANTE.

Oui, elle est capricieuse, j'en demeure d'accord, mais tout sied aux belles...

Molière n'était cependant pas toujours aussi aveugle en regardant sa femme et, à la première représentation du *Tartuffe*, la voyant parée comme une châsse pour le rôle d'Elmire, il la contraignit à se déshabiller, disant : Oubliez-vous donc que vous représentez une honnête femme !

La Molière devait se remarier. Elle épousa Guérin d'Estriché. Un quatrain du temps s'en amusa sévèrement :

> Les grâces et les ris règnent sur son visage,
> Elle a l'air tout charmant et l'esprit tout de feu,
> Elle avait un mari d'esprit qu'elle aimait peu,
> Elle en prend un de chair qu'elle aime davantage.

« Ce mari de chair », qui lui survécut, vengea Molière, a-t-on dit ; c'était un homme volontaire, d'humeur despotique. C'est tout au plus s'il ne roua point la Guérin de coups, comme Lauzun battait la grande Mademoiselle.

Cette vengeance posthume eût d'ailleurs frappé Molière au cœur s'il avait pu prévoir qu'un tel homme lui succéderait. Il avait peu d'amis à qui se fier de son vivant : Chapelle, à qui Molière se plaignait, était trop *dissipé* pour l'écouter; une seule confidence suffit à Molière de ce côté ; Rohaut et Mignard, plus graves, devinrent les véritables confidents du malheureux. « C'était à ces deux messieurs qu'il se livrait sans réserve. Ne me plaignez-vous pas, leur disait-il un jour, d'être d'une profession et dans une situation si opposées aux sentiments et à l'humeur que j'ai présentement ? J'aime la vie tranquille et la mienne est agitée par une infinité de détails communs et turbulents, sur lesquels je n'avois pas compté dans les commencements, et auxquels il faut absolument que je me donne tout entier malgré moi. Avec toutes les précautions, dont un homme peut être capable, je n'ai pas laissé de tomber dans le désordre, où tous ceux qui se marient sans réflexion, ont accoutumé de tomber. — Oh! oh! dit M. Rohaut. — Oui, mon cher M. Rohaut, je suis le plus malheureux de tous les hommes, ajouta Molière, et je n'ai que ce que je mérite. Je n'ai pas pensé que j'étois trop austère pour une société domestique; j'ai cru que ma femme devoit assujettir ses manières à sa vertu et à mes intentions ; et je sens bien que dans la situation où elle est, elle eût encore été plus malheureuse que je ne le suis, si elle l'avoit fait. Elle a de l'enjoüement, de l'esprit; elle est sensible au plaisir de le faire valoir ; tout cela m'ombrage malgré moi. J'y trouve à redire, je m'en plains. Cette femme, cent fois plus raisonnable que je ne le suis, veut jouir agréablement de la vie; elle va son chemin, *et assurée par son innocence,* elle dédaigne de s'assujettir aux précautions que je lui demande. Je prens cette négligence pour du mépris; je voudrois des marques d'amitié, pour croire que l'on en a pour moi, et que l'on eût plus de justesse dans sa conduite, pour que j'eusse l'esprit tranquille. Mais ma femme, toujours égale et libre dans la sienne, qui seroit exempte de tout soupçon pour tout autre homme moins inquiet que je ne le suis, me laisse impitoyablement dans mes peines; et occupée seulement du désir de plaire en général, comme toutes les femmes, sans avoir de dessein particulier, elle rit de ma foiblesse. Encore si je pouvois jouir de mes amis aussi souvent que je le souhaiterois, pour m'étourdir sur mes chagrins et sur mon inquiétude! Mais vos occupations indispensables et les miennes, m'ôtent cette satisfaction. — M. Rohaut étala à Molière toutes les maximes d'une saine philosophie, pour lui faire entendre qu'il avait tort de s'abandonner à ses déplaisirs. — Eh! lui répondit Molière, je ne saurois être philosophe avec une femme aussi aimable que la mienne; et peut-être qu'en ma place vous passeriez encore de plus mauvais quarts d'heure[1]. »

Le passage que j'ai souligné donnerait raison à

---

1. *Œuvres de Molière,* édition d'Amsterdam, 1735. *Vie de l'auteur,* p. 57.

George Sand, et Molière n'aurait jamais soupçonné (ou plutôt jamais révélé) la trahison absolue de sa femme. Molière, marié, mais isolé et abandonné, n'avait pour se consoler que cette brave La Forêt, demeurée légendaire et adorée de la postérité, puis une de ses actrices, la de Brie, sa maîtresse, qu'il n'aimait point, mais qui l'amusait. « En huit jours, dit La Martinière, il avoit avec elle une petite conversation et c'en étoit assez pour lui sans qu'il se mît en peine d'être aimé, *excepté de sa femme dont il auroit acheté la tendresse pour toute chose au monde.* » Je te pouponnerai, je te bichonnerai, s'écrie, en pleurant, le malheureux Arnolphe de l'*École des femmes*.

La de Brie était d'ailleurs « un vrai squelette. » On s'étonnait de voir Molière aller chez elle quelquefois. Il répondit alors un mot d'une mélancolie profonde, où éclate toute la tristesse née de son abandon : « Je suis accoutumé à ses défauts, dit-il. Je n'ai ni le temps ni la patience de m'accommoder aux imperfections d'une autre [1]. » Je

---

[1]. La de Brie ne devait pas être, je pense, si laide, malgré son âge. On fit sur elle ce quatrain :

> Il faut qu'elle ait été charmante,
> Puisqu'aujourd'hui, malgré les ans,
> A peine des charmes naissans
> Égalent sa beauté mourante.

Son portrait, gravé par Fréd. Hillemacher, dans sa

ne sais trop ce que la Molière pensait de ces rapports de son mari avec sa maigre rivale. Je gagerais qu'elle ne s'en inquiétait guère, et s'en moquait peut-être avec Guiche ou Lauzun. Armande Béjart, qui laissa mourir Molière entre les mains de M. Couthon, gentilhomme, n'apparaît guère pour défendre le corps et un peu la mémoire du défunt qu'après le trépas du poëte. Ici rendons-lui justice. Elle avait fait transporter à l'endroit où l'on avait presque furtivement enterré son mari une large tombe de pierre, et durant un hiver fort rude, elle fit voiturer cent voies de bois dans le cimetière Saint-Joseph, afin que les pauvres gens se pussent réchauffer au feu d'un bûcher qu'on alluma sur la tombe de Molière. Il en résulta que la pierre calcinée se fendit en deux morceaux, mais du moins les indigents avaient eu un foyer contre l'onglée et bénissaient, grâce à Armande et à cette sorte de bienfaisance posthume, la mémoire de Molière.

Une chose curieuse, si elle est exacte, c'est qu'à en croire La Martinière, Armande Béjart serait la cause du déchaînement de Molière contre les médecins.

L'anecdote vaut la peine d'être rapportée :

« Il logeoit, dit La Martinière, chez un médecin, dont la femme, qui étoit extrêmement avare, dit plusieurs fois à la Molière qu'elle vouloit aug-

---

Galerie de la troupe de Molière, confirme la vérité du quatrain.

menter le loyer de la portion de maison qu'elle occupoit. Celle-ci, qui croyoit encore trop honorer la femme du médecin de loger chez elle, ne daigna pas seulement l'écouter ; de sorte que son appartement fut loué à la Du Parc, et on donna congé à la Molière, c'en fut assez pour former de la dissension entre ces trois femmes. La Du Parc pour se mettre bien avec sa nouvelle hôtesse, lui donna un billet de comédie, celle-ci s'en servit avec joie, parce qu'il ne lui en coûtoit rien pour voir le spectacle. Elle n'y fut pas plus tôt que la Molière envoya deux gardes pour la faire sortir de l'amphithéâtre, et se donna le plaisir d'aller lui dire elle-même que, puisqu'on la chassoit de sa maison, elle pouvoit bien à son tour la faire sortir d'un lieu où elle étoit la maîtresse. La femme du médecin, plus avare que susceptible de honte, aima mieux se retirer que de payer sa place. Un traitement si offensant causa de la rumeur : les maris prirent parti trop vivement ; de sorte que Molière, qui étoit très-facile à entraîner par les personnes qui le touchoient, irrité contre le médecin, pour se venger de lui, fit en cinq jours de temps la comédie de l'*Amour médecin,* dont il fit un divertissement pour le roi, le 15 de septembre 1665, et qu'il représenta à Paris, le 12 du même mois. »

Il faut prendre l'anecdote pour ce qu'elle vaut, mais, dans tous les cas, elle donne bien la note exacte du caractère vaniteux et insolent de cette femme à qui Molière, hélas! trouvait de l'esprit. Il se moquait d'Arnolphe et riait de Sganarelle, et que de traits, pour les peindre, il empruntait à son propre caractère! Il y a deux sortes de gens : ceux qui aiment et ceux qui se laissent aimer. Molière était plus aimant qu'aimé. Aussi fut-il méconnu et même de son père.

En 1668, le vieux tapissier Poquelin, qui jadis tenait, à l'enseigne des *Cinges,* une riche boutique de tapisserie, « à verdures et à personnages, » Poquelin le père était ruiné. Sa maison des Petits-Piliers était vendue; il vivait, retiré chez son gendre. Pauvre, il avait peine à faire face à ses engagements de vieux et bon bourgeois et de commerçant honnête. Un jour, Rohaut, l'ami de Molière, entra, tout naturellement, dans la boutique de Poquelin, et y fit une commande, laissant tomber, tout en causant, qu'il cherchait à placer une somme de 10,000 livres — c'était une somme énorme pour le temps — chez un marchand dont il connût la probité. Le tapissier Poquelin était sûr de la sienne; il emprunta ces 10,000 livres, et il ignora toujours que ce qu'il recevait ainsi des mains de Rohaut était un don anonyme de ce Molière, son fils, — que le vieillard avait banni.

Nous savons aussi que Molière prêta 12,000 livres à Lulli, manquant d'argent pour bâtir sa maison de la butte Saint-Roch. Cette maison, où Lulli mourut en 1773, porte le n° 45 de la rue Neuve-des-Petits-Champs; elle est remarquable par les ornements qui représentent des instruments de musique. C'est bien la demeure de l'ancien *petit violon de Mademoiselle*.

Bref, pour résumer cette physionomie morale de Molière, je doute qu'on rencontre un être meilleur, plus grave, plus ferme et plus doux à la fois. Molière était de cette race d'hommes qui ne se lassent point de faire des ingrats. Armande Béjart, Racine, qu'il obligea de sa bourse et aida de ses conseils, Racine dont il reçut la première pièce et qui porta plus tard sa tragédie d'*Alexandre* au théâtre rival, en enlevant Mlle Du Parc, l'excellente actrice, à Molière; Baron, qu'il aima comme un fils; Corneille vieux, dont il reçut l'*Attila* en le payant 2,000 livres; autant de noms illustres qui témoignent de sa générosité devant l'avenir. « Sa fermeté, son courage, a-t-on dit, sont attestés par tous les biographes. Il força les officiers de la maison du roi à respecter les droits des comédiens [1]. » Tout à l'heure nous allons le voir lutter contre les hypocrites de vertu et les faux dévots, avec *Tartuffe* et *Don Juan*. Mais il ne se contentait point d'être courageux la plume à la main. Il faut lire dans un petit volume, plus curieux qu'il n'est gros : *Documents inédits sur J.-B. Poquelin Molière*, découverts et publiés par M. Émile Campardon, archiviste aux Archives

---

1. Voyez M. Paul Albert, *la Littérature française au* xviie *siècle.*

nationales, le récit des désordres arrivés à la Comédie du Palais-Royal, le 13 janvier 1673, pendant une représentation de *Psyché*. Molière, quoique *mourant*, fort malade, déploya en cette circonstance une grande énergie.

Ce fier visage de songeur nous apparaît donc à travers l'histoire comme un des plus nobles et des plus sympathiques. Il a, ce Molière, toute l'honnêteté bourgeoise, toute la probité, toute l'humeur laborieuse de sa famille; il a la science, la mesure, le goût du beau, l'amour du bien, la soif inassouvie du bonheur, le courage dans la souffrance, il a surtout la pitié, cette vertu suprême, cette vertu des grands cœurs, et l'on ne peut s'empêcher de l'aimer après l'avoir admiré. *Ame pure,* s'écriait Gœthe, et Gœthe caractérisait d'un mot cette grande âme altérée d'amour et accablée de douleur.

IV

LES GRANDES COMÉDIES.

L est trois œuvres où Molière me semble avoir atteint non-seulement l'idéal qu'il se proposait, mais l'idéal même de ce qu'on a raillé sous le nom de *grand art* : c'est le *Misanthrope, Tartuffe* et *Don Juan ou le Festin de Pierre*[1]. Là, il nous offre non-seulement les exemplaires les plus admirables de son génie, mais les plus admirables peut-être du théâtre universel. Nulle part, dans aucune langue, on ne trouverait en effet tant de puissance unie à tant de bon sens, une pondération telle, une telle mesure jointe à une telle profondeur de pensée, une justesse de ton aussi profonde, une précision, une clarté, une harmonie aussi étonnantes.

Le *Misanthrope* est l'œuvre où Molière a sans doute mis le plus de lui-même. On a cherché dans

---

1. Il faudrait peut-être ajouter une quatrième pièce à celles-ci, l'*École des femmes*, une incomparable, cruelle et charmante comédie, où Arnolphe égale Othello.

les traits de M. de Montausier le portrait d'Alceste. Ce portrait, Molière le portait dans son propre cœur. L'amour dont il brûlait pour l'indigne Béjart, c'est l'amour du misanthrope pour Célimène. « Je suis décidé à vivre avec elle comme si elle n'existait pas, disait, en parlant de sa femme, Molière à Chapelle, son ami, mais si vous saviez ce que je souffre, vous auriez pitié de moi! » Ce qu'il souffrait, on le sait lorsqu'on écoute la plainte mâle d'Alceste, et la pitié que réclamait Molière, on l'éprouve pour l'honnête homme qu'une coquette soufflette, pour ainsi dire, ou nargue du bout de son éventail. Je ne sais rien de plus tragique que cette confession publique d'un homme qui vient dire à une foule : « Voici quelles tortures supporte un homme de bien bafoué par une coquine, et moquez-vous-en ensuite, s'il vous plaît de le faire! »

Quant à la raillerie de la misanthropie qu'on a voulu y voir, elle est l'œuvre de l'auteur dramatique, non du philosophe. Molière, comme Cervantes, bafouait son héros tout en l'adorant. Il ne détestait point, il ne pouvait détester la misanthropie, ce travers de l'esprit humain ou plutôt de l'âme humaine, qui naît toujours de l'exagération d'une honnêteté ou de légitimes espoirs déçus. Béranger, qui était loin de détester les hommes, a dit de la misanthropie : *La misanthropie n'est qu'un amour rentré.* Cela est très-vrai. Il faut, nous le répétons, avoir beaucoup aimé les hommes, avoir mis en eux une foi profonde et une vaste espérance, pour en arriver à les haïr comme le Timon d'Athènes de Shakspeare ou comme l'Alceste de Molière. Je me méfie des Philinte qui trouvent tout bien et tout bon, et tout superbe. Ils aiment généralement parce qu'ils n'aiment pas profondément. Ce misérable Kotzebue, par exemple, qui écrivit *Misanthropie et Repentir,* était un chantre de l'humanité heureuse, parfaite, morale ; il se disait plein de mansuétude pour toute chose, et au fond, on sait trop ce qu'il aimait : l'argent et l'intrigue. On peut presque dire aussi que les gens qui, comme Kotzebue, blâment la misanthropie, nous rendraient souvent misanthropes, tandis que ceux qui, comme cette grande âme blessée, Molière, se complaisent dans son amertume, nous réconcilieraient volontiers, au contraire, avec l'humanité.

Quelqu'un a dit, à propos de misanthropie, avec assez de justesse, que les femmes ne sont jamais atteintes par la misanthropie : jeunes, elles lui échappent par le cœur, elles ont toujours à aimer; plus avancées en âge, elles lui échappent encore, car elles se consolent du présent par les souvenances du passé. Il y a, en effet, chez la femme, un besoin naturel de dévouement qui empêche la misanthropie de se développer à l'état aigu, si je puis dire; mais la misanthropie n'en existe pas moins dans certains cœurs féminins, qui sont des cœurs d'élite, seulement elle se dissimule sous une tristesse souriante qui peut donner le change. Lorsque Mme du Deffant, devenue vieille, parle de sa jeunesse en disant : *Du temps que j'étais femme,* on sent bien, sans chercher, une espèce de cruauté dans le regret, mais l'esprit, la bonne grâce, la résignation, effacent bientôt, comme d'un coup d'aile, toute cette mélancolie.

En revanche, si la femme n'est point misanthrope, elle crée des misanthropes, et les Célimène font les Alceste comme les Armande Béjart font les Molière.

Tartuffe est moins intéressant peut-être que le *Misanthrope* pour l'étude de la personnalité même de Molière, mais il est beaucoup plus complet comme drame. Quelle œuvre et quelle hardiesse! S'imagine-t-on le courage qu'il fallut à Molière pour achever une telle comédie en présence des ennemis qu'elle lui suscitait? Je songe toujours en lisant ou en écoutant la pièce à tout ce que l'auteur supporta avant de la faire représenter. Nous nous plaignons parfois, et avec raison, de la censure. Qu'est-ce que ces piqûres d'épingle comparées aux coups de couteau empoisonnés que reçut Molière? Il avait achevé les trois premiers actes de sa comédie. On les donne, tels quels, avant même que le dénoûment eût été écrit, devant le roi, à Versailles. Louis XIV est charmé; il applaudit, et la cour fait de même. Mais, dès ce moment, le bruit se répand que Molière, cet audacieux et misérable Molière, ne se propose rien moins dans son nouvel ouvrage que d'attaquer la religion et de s'en prendre à Dieu lui-même. Voilà Paris en ébullition, les ennemis sur pied, les dévots en armes, les fanfarons de vertu prêts au combat. Lorsque, six mois après la représentation des trois premiers actes à Versailles, Molière fit représenter *Tartuffe* au Raincy, devant le grand Condé, le concert de fureur redoubla si fort, que l'auteur résolut de le laisser passer et d'attendre.

Il attendit un an; il lisait alors son œuvre, comme en cachette, dans des maisons amies, devant un public trié et d'esprit libéral. Il se cachait pour dire la vérité. A la fin, le roi promit de laisser jouer la pièce. Cette permission verbale était formelle. Le 5 août 1667, *Tartuffe* fut donné pour la première fois, mais le lendemain, au moment où la pièce allait commencer, et devant une telle affluence que des dames de la cour avaient été forcées, pour trouver de la place, de monter aux troisièmes loges, un ordre arriva portant défense de par le premier président du Parlement de jouer la pièce : « Monsieur le premier président ne voulait pas qu'on le jouât[1]. »

Et, éternelle sottise des censeurs, à l'heure même où l'on supprimait, où l'on voulait étouffer

---

1. Je cite ce mot qui n'a rien d'authentique, qui est antérieur à *Tartuffe,* mais qui donne le ton des dispositions de quelques personnages contre Molière.

cette œuvre virile, honnête et fière, on laissait représenter sur le Théâtre-Italien je ne sais quelle farce grotesque et graveleuse, *Scaramouche Hermite*, dans laquelle un moine montait, la nuit, par une échelle, dans la chambre d'une femme mariée, et revenait de temps à autre à la fenêtre annoncer au public qu'il prenait soin de « mortifier la chair » : — *Qu'esto é per mortificar la carne !* Liberté de la gravelure, interdiction de la pensée profonde : le programme des censeurs fut le même toujours. Le mélancolique Molière devait sourire tristement devant les pasquinades autorisées des bouffons italiens. Il s'était d'ailleurs vengé d'avance en faisant dire à son Don Juan : « L'hypocrisie est un vice privilégié, qui de sa main ferme la bouche à tout le monde et jouit en repos d'une impunité souveraine. » Mais aussi quelle tempête encore pour ces paroles de Don Juan ! Les dévots, ne pouvant reprocher à Molière d'avoir flétri l'hypocrisie, se rattrapèrent sur la fameuse scène du pauvre. Le mot sublime de Don Juan faisant l'aumône au misérable : « Eh bien, je te donne pour l'amour de l'humanité, » leur parut, — dirent-ils, — un blasphème. *L'humanité !* qu'était-ce en 1665 que cette intruse et cette pécore? Molière dut supprimer la scène du pauvre à la seconde représentation de *Don Juan*, et la rancune des ennemis du pauvre diable d'homme de génie était si forte et si puissante que *dix-sept ans plus tard*, lorsque Vinot et Lagrange réimprimèrent *Don Juan* ou le *Festin de Pierre*, tel qu'on l'avait représenté la première fois, un ordre supérieur enjoignit aux éditeurs de faire disparaître « le pauvre » et « l'humanité » de *Don Juan* au moyen de cartons.

Quoi! dix-sept ans plus tard? Certaines haines sont donc bien terriblement vivaces? Certes, oui. Hélas! oui. Et l'auteur de *Tartuffe* n'en avait point fini avec les tribulations. Il fallut (et sur ce point, l'histoire doit savoir quelque gré à Louis XIV), il fallut l'intervention du roi pour laisser se produire publiquement cette leçon de vertu que Cléante, parlant à Orgon, donnait si vaillamment à son temps et aux temps à venir. Encore, lorsque la pièce fut jouée, se trouva-t-il des sots ou des envieux pour lui opposer l'œuvre d'un médiocre auteur, Montfleury, le fils du comédien de l'hôtel de Bourgogne. Sans doute, *Tartuffe* obtenait un plein succès, et, comme on dirait aujourd'hui, *faisait recettes*, si bien que les camarades de Molière voulurent que l'auteur eût toute sa vie deux parts dans le gain de la troupe toutes les fois qu'on jouerait *Tartuffe*; mais, à côté de ce public de goût qui se pressait aux quarante-quatre représentations consécutives de l'ouvrage (c'était là un chiffre de représentations considérable pour le temps), il y avait un autre public, intelligent ou jaloux, qui tenait à faire le succès d'un rival, et déclarait bien haut que la *Femme juge et partie* de Montfleury était une œuvre supérieure à *Tartuffe*.

Non, en vérité, je ne connais pas de juges plus injustes pour les gens de génie que les contemporains. On ferait un recueil amèrement gai de tous les verdicts portés sur des œuvres immortelles par ceux qui les virent éclore. N'avons-nous point pu juger nous-mêmes de ces grossières erreurs de la critique? Sans aller bien loin, Balzac fut-il jamais placé à son rang par ceux qui le coudoyaient chaque jour? On eût bien étonné ses compagnons en assurant que sa *Comédie humaine* restera comme la plus puissante des œuvres. Nous relisions hier un jugement de Gustave Planche sur Alfred de Musset. Quel étonnement! C'est à peine si le critique place le magnifique auteur des *Nuits* un peu au-dessus de Brizeux ou des deux Deschamps. La postérité, qui commence parfois au lendemain de la mort, casse définitivement ces arrêts et prononce le verdict suprême. Pour Molière, les contemporains furent étrangement sévères. Je ne parle pas de ce Boulanger de Chalussay qui fut immonde. Le pamphlet de cet illustre inconnu, passant à la postérité comme une tache de boue qui serait demeurée attachée à un vêtement historique, cet odieux écrit, *Élomire hypocondre*, doit être classé par tout homme sensé parmi les libelles fangeux que toute gloire fait éclore. Mais, en négligeant même Le Boulanger de Chalussay, que de factums injustes, violents, amers, irritants, dirigés contre ce malheureux Molière! Et qu'on s'étonne de l'entendre appeler (sans y croire même, tant il était bon) l'homme un *méchant animal!* Il vécut avec une meute à ses trousses. Au lendemain des représentations de la *Femme juge et partie* de « ce grand homme » de *Monsieur de Montfleury*, l'hôtel de Bourgogne représenta bravement la *Critique de Tartuffe*, et dans le prologue de cette médiocre satire on rencontre ces vers qui donnent le ton de la critique alors adressée à Molière :

> Molière plaît assez, *c'est un bouffon plaisant*,
> Qui divertit le monde en le contrefaisant ;
> *Ses grimaces* souvent causent quelques surprises ;
> Toutes ses pièces sont *d'agréables sottises ;*
> Il est mauvais poëte et bon comédien.
> Il fait rire, et de vrai c'est tout ce qu'il fait bien.

« Il fait rire ! » On eût pu répondre à MM. de l'hôtel de Bourgogne que cela, vraiment, est déjà quelque chose. Mais, malgré l'envie, Molière faisait penser aussi ; il enseignait et châtiait. De là, tant de rage. Un curé de Paris, exaspéré par *Tartuffe*, qui n'avait cependant pas encore été représenté et n'était qu'à l'état de menace latente pour les hypocrites, un prêtre déclarait alors, dans une brochure, qu'il fallait *brûler Molière*. Non pas l'œuvre, l'homme ; non pas le livre, l'auteur ! Ce fougueux personnage se nommait Pierre Roulès et il était curé de Saint-Barthélemy. Son pamphlet, intitulé *le Roy glorieux au monde*, qu'Aimé Martin avait vu et que M. Paul Lacroix découvrit en 1822, a été publié dans la *Collection*

Moliéresque. On y lit que Molière est « *un homme ou plus tost un démon vestu de chair et habillé en homme et le plus signalé impie et libertin qui fust jamais.* » P. Roulès demandait pour lui « *un dernier supplice exemplaire et public.* » Notez que l'on brûlait encore les poëtes en Grève. Dans ce même pamphlet, le curé Roulès se plaint de Turenne, « qui n'est point de la religion véritable et catholique. » Il se trouverait bien encore, en cherchant un peu dans ce vaste univers, des gens qui ne donneraient pas tort à cet ardent curé [1].

Ce qui est plus triste, c'est que ce ne furent pas seulement ces violents et ces méchants qui conspirèrent contre le comédien de génie. D'autres aussi s'en mêlèrent. Bourdaloue dénonça Molière en pleine chaire ; Bossuet, plus haineux, ne parle de l'homme qui écrivit *Tartuffe* qu'avec un dictionnaire d'invectives. Les pièces de Molière sont des *impiétés*, des *infamies*, des *grossièretés*. Elles *corrompent*, elles « infectent. » L'aigle de Meaux déchire de son bec le cadavre de Molière lui-même ; l'oiseau de proie sacré dépèce horriblement ce pauvre mort, et nous le montre, dans sa charité chrétienne, passant brusquement de la cou-

---

[1]. Molière répondit par un *placet* au roi contre ce curé et « *les Faux monnoyeurs en dévotion.* » Pierre Roulès mourut le 8 juillet 1666, deux ans et demi avant la représentation de *Tartuffe*, qui eut lieu le 5 février 1669.

lisse où il vomit le sang au tribunal de celui qui dit : *Malheur à vous qui riez, car vous pleurerez!* Quelle admirable douceur! Quelle piété! Quelle bonté fraternelle! On croirait lire quelque apostrophe sulfureuse d'un Veuillot. Il est décidément dangereux d'oser regarder la vérité en face et de toucher à certaines plaies et à certains masques.

Molière, il faut lui rendre cette justice, y touchait d'une main ferme, implacable. Je conçois la fureur des bigoteries mises à nu. Le portrait de *Tartuffe* est inoubliable [1]. On a voulu le retoucher depuis, le pousser au noir, atténuer sa couleur ou la surcharger de repeints. Mais nul n'a égalé, n'a suivi, même de loin, le maître. Le Beegars de Beaumarchais, ce Tartuffe de probité, n'est qu'une copie mélodramatique. Le Rodin d'Eugène Sue, pourtant vigoureux, ne garde point le calme sculptural du modèle : il grimace. Il tombe dans la caricature. Bayard, Sardou, Augier ont, tour à tour, dans le *Mari à la campagne*, *Séraphine* et *Lions et Renards*, attaqué le jésuitisme, mais leurs aquarelles ne sont rien à côté du tableau primitif. Le maître hypocrite, c'est Tartuffe.

Chose singulière et fort attristante, voilà *Tartuffe* redevenu une actualité. Cet homme de bien,

---

[1]. Quelqu'un a écrit que *Tartuffe* a été composé à la prière du grand Condé, qui voulait se venger du P. La Chaise. *Tartuffe* serait un portrait du P. La Chaise. Cela est radicalement faux.

qu'on croyait enterré, se reprend à dire son mot dans les choses temporelles. On pouvait croire qu'il n'était plus rien qu'un type historique appartenant à ce qu'on nommerait volontiers l'archéologie morale, le fantôme d'un temps disparu; point du tout, il vit encore et toujours. Il prospère, il engraisse, il fait fortune. Il ne se contente plus de se glisser, quémandeur d'amour et de richesses, dans la demeure d'Orgon; il laisse à de moins ambitieux le soin de ruiner et de sottifier ce bourgeois crédule; pour lui, ce qui le tente, à l'heure qu'il est, c'est, ni plus ni moins, le gouvernement du monde et la direction des affaires publiques. Il prétend instruire, conduire, former et déformer la nation à son gré, modeler de son coup de pouce dévot la cervelle de l'enfance, tenir la femme sous son pouvoir, et par ces deux puissances faites de faiblesses, — la femme et l'enfant, — guider l'homme à sa fantaisie et faire de la famille ce que bon lui semblera.

Eût-on cru jamais que Tartuffe rentrerait si brillamment et si brutalement en scène, le chapeau sur l'oreille et la menace à la bouche! Tudieu! comme il a su quitter lestement son allure rampante et douce! Comme il a jeté au vent son air d'humilité et de caressante piété! Il semble avoir emprunté maintenant à Torquemada quelque chose de ses allures inquisitoriales. Il ordonne, peste, tempête et, d'un mouvement sec, trempe son goupillon dans du vitriol pour en asperger le visage de ses frères, tout en se signant. Molière a raison, je vous jure, et le zèle de ces gens est intolérable à la fin. Quoi! après tant de malheurs subis, d'expériences si douloureuses, lorsqu'il est prouvé que la France n'a dû sa défaite qu'à son ignorance et que le maître d'école allemand a gagné la bataille de Wœrth comme il avait gagné celle de Sadowa, toute une foule de gens ameutés s'obstinent à refuser à notre pays ce savoir qui lui manque, ce besoin de lumière et de science qui le laverait de ses erreurs?

Cela est pitoyable et alarmant. Le moyen âge semble réapparaître aujourd'hui chez nous avec son cortége d'ignorance, de préjugés, de violences et de haines. C'est à se demander si parfois on ne fait pas quelque méchant rêve. Ici, c'est un évêque intolérant qui secoue la poussière de ses sandales sur une Académie, parce que la compagnie littéraire accueille chez elle un philosophe convaincu dont toute la vie fut vouée aux lettres, à l'étude et à la recherche de la justice. Là, c'est un député halluciné qui demande de vouer la France du XIXe siècle au stathoudérat du Christ. « *Dors-tu content, Voltaire?* » C'est en même temps une Assemblée de législateurs dont l'inexplicable terreur éclate tout à coup à la lecture d'un projet nouveau sur l'instruction primaire. Ainsi, tout progrès paraît effrayant dans ce beau pays de France. Nous semblons condamnés à l'immobilité ou aux lisières à perpétuité.

A nous, Molière ! A nous, ce vieux génie narquois et vengeur de la vieille France ! A nous cette humeur satirique des diseurs de bons contes, aïeux et neveux de Rabelais, amis sincères de l'humanité tenue en santé par l'hygiène physique et morale, prêts à dauber sur la moinerie moinillante, bravant le bûcher pour dire la vérité, prenant tous les moyens pour la mettre en lumière, sculptant au besoin leurs protestations railleuses jusqu'au flanc des cathédrales gothiques, répondant à la persécution par la caricature, et n'ayant qu'un but, un désir, une foi : terrasser l'erreur et faire aimer la justice. Il nous faudrait une telle légion de satiriques; le pays s'en trouverait mieux à coup sûr et nous sortirions peut-être de ces ténèbres de plus en plus épaisses dans lesquelles nous nous débattons depuis ce lendemain de brumaire où la France, abdiquant sa liberté et reniant sa tradition, renonça à l'éducation scientifique du XVIIIe siècle, éducation que nos ennemis ont reçue de nous et perfectionnée après nous.

Le public, en applaudissant *Tartuffe,* est de cet avis, à coup sûr, et bafoue, dans le faux dévot, les partisans stupides du passé. Quel contraste les idées vraies, solides, humaines, que Molière met dans la bouche de son Cléante, forment avec les dilutions de pensées dont se nourrit, ou plutôt dont meurt notre pays! Pour faire cesser *l'anarchie intellectuelle* dont parlait un jour M. Thiers, ou mieux, pour secouer *l'anémie intellectuelle* qui nous mine, c'est à Molière, c'est-à-dire à la vérité dans l'idée, à la vigueur dans la philosophie, à la franchise dans la langue qu'il faut revenir, et revenir en hâte. On y reviendra, je gage, et on aura raison. Dans peu de temps, il serait trop tard.

Il est d'ailleurs curieux de voir ce que pensait de *Tartuffe* un des esprits les plus élevés du xviie siècle : « Je viens de lire le *Tartuffe*, écrivait Saint-Évremond, c'est le chef-d'œuvre de Molière. Je ne sais pas comment on a pu en empêcher si longtemps la représentation. Si je me sauve, je lui devrai mon salut. La dévotion est si raisonnable dans la bouche de Cléante qu'elle me fait renoncer à toute ma philosophie ; et les faux dévots sont si bien dépeints, que la honte de la peinture les fera renoncer à l'hypocrisie. Sainte piété, que vous allez apporter de bien au monde ! »

Tous les esprits de la terre ne sont malheureusement pas des Saint-Évremond, et à côté des dévots il y a des despotes. M. Louis Moland, qui a publié une édition nouvelle de Molière [1], a eu l'idée de demander à Napoléon Ier lui-même ce

---

1. L'édition complète, un des hommes les plus remarquables de ce temps, au double point de vue de la science et du caractère, M. Eugène Despois, la prépare depuis plusieurs années pour la magnifique *Collection des grands écrivains*, entreprise par la librairie Hachette. Il faut attendre ce travail de M. Despois pour avoir, en beaucoup de points, *le dernier mot sur Molière*.

qu'il pensait de *Tartuffe* et de l'accès de libéralisme de Louis XIV laissant représenter la pièce. Or voici ce que Napoléon Ier a répondu : « Après-dîner, dit l'auteur du *Mémorial de Sainte-Hélène*, l'Empereur nous a lu le *Tartuffe*; mais il n'a pu l'achever, il se sentait trop fatigué; il a posé le livre, et, après le juste tribut d'éloges donné à Molière, il a terminé d'une manière à laquelle nous ne nous attendions pas : « Certainement, a-
« t-il dit, l'ensemble du *Tartuffe* est de main de
« maître, c'est un des chefs-d'œuvre d'un homme
« inimitable; toutefois cette pièce porte un tel
« caractère, que je ne suis nullement étonné que
« son apparition ait été l'objet de fortes négocia-
« tions à Versailles et de beaucoup d'hésitations
« dans Louis XIV. Si j'ai droit de m'étonner de
« quelque chose, c'est qu'il l'ait laissé jouer; elle
« présente, à mon avis, la dévotion dans des cou-
« leurs si odieuses; une certaine scène offre une
« situation si décisive, si complétement indécente,
« que, pour mon propre compte, je n'hésite pas
« à dire que, si la pièce eût été faite de mon
« temps, je n'en aurais pas permis la représenta-
« tion. »

Cet aveu ne prouve qu'une chose, c'est que l'ex-jacobin Bonaparte aimait moins la liberté que le roi-soleil et le roi des dragonnades lui-même. Napoléon d'ailleurs, en fait d'art dramatique, préférait l'*utilitarisme*. C'est lui qui disait de l'*Hector* de Luce de Lancival, piteuse tragédie, à coup sûr : « J'aime cet *Hector*, c'est une bonne pièce de *quartier général*. »

Tandis que les *faux monnayeurs* en dévotion, que Louis XIV eut le bon sens de ne pas écouter cette fois, empêchaient *Tartuffe* de voir la scène, Molière tâchait d'exprimer, avons-nous dit, dans une autre pièce qui fut représentée le 16 février 1665, quelques-unes des idées qu'il avait mises dans sa pièce un moment interdite. C'est *Don Juan* dont je veux parler, — *Don Juan*, une des œuvres les plus curieuses et les plus imprévues de Molière.

Je m'étonne qu'aux heures de lutte entre les *romantiques* et les *classiques*, ceux-ci n'aient pas invoqué plus souvent le témoignage de Molière pour prouver que le romantisme (puisque le mot était à la mode) avait toujours existé. Quel drame est plus *romantique* que *Don Juan ou le Festin de pierre* ? Plus d'unité de lieux ni de temps : des estocades et des évocations, des duels de cavaliers dans les forêts et des apparitions de spectres dans les tombeaux. Le *Don Juan de Marana* d'Alexandre Dumas est moins « romantique » assurément que le *Don Juan* de Molière et, en tout cas, il a bien autrement vieilli.

Quel chef-d'œuvre que ce *Don Juan* ! C'est là que se rencontrent les meilleures inspirations de Molière, les plus charmantes sans aucun doute et à la fois les plus hardies. La variété des scènes, la façon magistrale avec laquelle l'auteur passe du plaisant au tragique, puis ramène au rire la comédie qui s'éloigne vers le drame, — et quel drame ! — tout est parfait, tout est achevé. Suprême qualité, en outre : elle est essentiellement moderne, cette pièce vivante, et pour ainsi dire contemporaine. De toutes les pièces de Molière, *Don Juan* est assurément celle qui convient le mieux à nos goûts et à nos idées. C'est *Tartuffe* dramatisé. Et ce n'est plus seulement le bon sens qui raille ou s'indigne, il y a là une grandeur véritable, je ne sais quoi de plus profond, un sentiment plus élevé, une conception plus humaine et plus haute.

Partout ailleurs il semble, en effet, que le génie de Molière soit retenu à terre, enchaîné par certaines préoccupations d'une sagesse bourgeoise, ennemi de l'idéal et se moquant de toute chimère, comme Sancho peut railler Don Quichotte. Dans *Don Juan*, au contraire, les liens sont brisés ; Molière a donné comme un coup d'aile et regarde en face les grands problèmes. On devine alors, on sent ou l'on entend dans son rire ou dans sa tristesse passer quelque chose de supérieur, de shakspearien. Ce n'est plus seulement Sganarelle qui s'agite aux côtés de son maître, lançant ses lazzis pour égayer le parterre ; c'est le bon sens pratique, la croyance aveugle, la superstition regardant le doute avec de gros yeux effarés. Maître sceptique et valet crédule deviennent aussitôt la personnification des deux sentiments qui divisent le monde, et la comédie, cette fois, nous présente, dans leur antagonisme éternel, les deux types de l'ignorant que son ignorance charme, qui s'y complaît, qui s'y carre, et du chercheur que le doute accable, torture et finira par tuer.

Il était écrit que Don Juan serait le grand fascinateur. Il a séduit le génie lui-même. De Tirso de Molina à Musset, en passant par Molière et Mozart, il a arrêté, fixé l'attention de tous les créateurs et de tous les critiques. Il est comme un Sphinx moral que chacun veut deviner, ou du moins étudier. Mais le plus complet de ces don Juan est, à mon avis, celui de Molière. C'est qu'il n'est pas seulement Don Juan le coureur de ruelles et l'aventurier d'amour, mais encore le libre esprit, l'esprit fort, le *libertin,* comme on disait alors. Il semble en effet que ce type légendaire ait *tourné* dans la main de l'ouvrier. Molière, auteur dramatique, se proposait simplement d'écrire une pièce intéressante, curieuse et dramatique, mais le philosophe a prêté, je pense, un peu de ses idées à ce personnage qu'il fait beaucoup aimer tout en le faisant beaucoup haïr.

Je suis persuadé que Molière avait une certaine affection pour son héros; nous le saurions au juste, si Molière avait commenté son œuvre, si nous avions des lettres de lui comme nous en avons de Gœthe et de Schiller. En tout cas, si dans *Don Juan* le débauché nous irrite, le fort esprit, il faut bien l'avouer, nous attire. Il y a en lui du suborneur vulgaire quand il se trouve face à face avec dona Elvire ; mais comme son audace grandit devant la statue du Commandeur ! Et comme on lui sait gré de feindre l'hypocrisie pour la peindre avec une telle haine et un tel mépris ! Il prend le masque de Tartuffe, ce don Juan, et le met sur son visage comme pour en montrer la laideur. Et quels contrastes ! Tout à l'heure, bas et répugnant comme le Lovelace de Richardson, le voilà fier et révolté comme le Satan de Milton. Il tend sa main à la main de marbre sans une émotion, sans un tremblement, et il me semble l'entendre murmurer comme un autre Ajax : *J'en échapperai malgré les dieux.*

C'est ce côté courageusement altier qui nous plaît dans Don Juan. On lui pardonnerait volontiers d'éconduire M. Dimanche quand on se souvient de sa rencontre avec le Pauvre. Quelle admirable scène que celle-ci et qu'elle éclaire d'un jour puissant le génie de Molière ! C'est véritablement là qu'il nous apparaît comme un précurseur, et c'est l'honneur éternel de cet homme d'avoir prononcé le premier ce grand mot d'humanité, qu'on proscrivait alors, nous l'avons montré, et qui est ou qui sera le mot d'ordre moderne.

« Va, va, dit Don Juan en jetant son louis d'or au pauvre, je te le donne par amour de l'humanité ! »

Quand on rencontre un trait pareil dans une œuvre passée, on s'arrête un moment, comme on ferait halte sur une route, devant quelque poteau indiquant une étape nouvelle.

Humanité ! Le mot est dit et dès lors n'a plus qu'à passer de bouche en bouche, en attendant cette heure si lente à venir où il pénétrera dans tous les cœurs.

Mais quoi ! cette pièce de *Don Juan* est ainsi remplie de traits qui sont comme des cris jetés à l'avenir. Nous poussons parfois un peu trop loin le goût des comparaisons et volontiers nous faisons crédit à nos aïeux des passions qui nous agitent. Nous aimons à retrouver en eux des allusions et comme des citations à l'appui de nos propres idées. C'est ainsi que nous ferions volontiers un républicain de La Fontaine, le fabuliste, et un conventionnel du grand Corneille. Il y a un peu et beaucoup d'exagération, sans doute, dans cette façon de raisonner et de traiter les questions littéraires, mais il y a pourtant aussi une grande part de vérité. A de certains moments, Molière sent passer à côté de lui, — comme ces parfums de soufre qui disent l'orage, — des odeurs de révolution, et cela particulièrement dans *Don Juan*.

Si Don Juan libre penseur est sympathique, en effet, Don Juan hypocrite, Don Juan faux dévot, est singulièrement haïssable, Don Juan grand seigneur est souverainement méprisable. Perdu de dettes, sans honneur et sans foi, il traîne misérablement une misérable vie. C'est à lui, c'est à propos de lui que Molière fera dire : « Et qu'avez-vous fait pour être gentilhomme ? Croyez-vous qu'il suffise d'en porter le nom et les armes, et que ce nous soit une gloire d'être sorti d'un sang noble quand nous vivons en infâmes ? Non, non, *la naissance n'est rien où la vertu n'est pas.* »

Ne dirait-on point un de ces vers-maximes que Voltaire introduisait dans ses tragédies, comme des engins de guerre ? Ce fut une date que cette première représentation de *Don Juan,* où un acteur put dire une telle vérité à la face de ce public de gentilshommes. Regnard devait plus tard fouailler gaiement le marquis et lui faire danser sa sarabande : « *Allons, saute, marquis !* » Molière, plus vigoureux, lui arrachait son titre et le souffletait de son blason.

Aussi bien Molière devait-il payer cher de telles audaces. La comédie de *Don Juan* n'était pas représentée depuis six semaines qu'un certain de Rochemont, dans lequel on a voulu voir un avocat au Parlement, et que M. P. Lacroix nous dénonce comme le curé d'une paroisse de Paris[1], publiait un pamphlet odieux dans lequel il attaquait à la fois *Tartuffe* et le *Festin de Pierre,* demandant à

---

1. Voyez les *Observations sur le Festin de Pierre,* par de Rochemond, dans la *Collection Moliéresque* du bibliophile Jacob (tirée seulement à 100 exemplaires numérotés).

peu près pour Molière ce que demandait aussi le curé P. Roulès, c'est-à-dire le fagot.

La lecture de ce pamphlet de Rochemont, qui mérita d'être appelé en 1665 *le bras droit des Tartuffes*, indigne et fait sourire à la fois. L'auteur y parle de la douleur d'un chrétien « en voyant le théâtre révolté contre l'autel, la Farce aux prises avec l'Évangile, un comédien qui se joue des mystères, et qui faict raillerie de ce qu'il y a de plus sainct et de plus sacré dans la religion. »

Cependant, ce M. de Rochemont consent à trouver à Molière *quelque chose de galant* :

« Il faut tomber d'accord, dit-il, que s'il réussit mal à la comédie, il a quelque talent pour la farce, et quoyqu'il n'ait ny les rencontres de Gaultier Garguille, ny les impromptus de Turlupin, ny la bravoure du Capitan, ny la naïveté de la Jodelet, ny la panse du Gros-Guillaume, ny la science du docteur, il ne laisse pas de plaire quelque fois, et de divertir en son genre. »

« Il parle passablement françois, ajoute l'auteur des *Observations*, il traduit assez bien l'italien et ne copie pas mal les autheurs. Comme acteur, Molière *a bien de l'adresse ou du bonheur de debiter avec tant de succez sa fausse monnoye et de duper tout Paris avec de mauvaises pièces.* »

D'ailleurs, « s'il n'en eust voulu qu'aux petits pourpoints et aux grands canons, il ne mériteroit pas une censure publique et ne se seroit pas attiré l'indignation de toutes les personnes de piété ; mais qui peut supporter la hardiesse d'un farceur qui fait plaisanterie de la religion? »

Plus loin, le pamphlétaire hausse le ton et ne craint pas d'écrire : « *Il faut avouer que Molière est luy meme un Tartuffe achevé.* »

« La naïveté malicieuse de son Agnès, dit-il encore, a plus corrompu de vierges que les écrits les plus licencieux. Mais qu'est cela? avec *Don Juan*, il vient d'avoir l'audace de faire *monter l'athéisme sur le théâtre*. Et pourquoi? par pure idée de *lucre.* »

« Son avarice ne contribue pas peu à réchauffer sa veine contre la religion. Je connois son humeur, il ne se soucie pas qu'on fronde ses pièces, pourveu qu'il y vienne du monde. »

Hélas! ces injures ne seraient rien, et encore un coup feraient sourire, s'il n'y avait pas eu alors un réel danger pour Molière dans ces perfides accusations. N'oublions pas que *trois ans* avant la représentation du *Festin de Pierre,* un poëte, Claude le Petit, avait été condamné a être brûlé pour avoir *fait des vers impies* et avait péri sur le bûcher, en place de Grève. Molière ne dut qu'à la protection de Louis XIV de résister à ses ennemis et de pouvoir faire entendre son *Tartuffe.* C'est une gloire pour le *grand roi* d'avoir su du moins protéger ce fier génie, lui qui exilait Vauban, et on peut dire, en parlant du despote qui consentit aux dragonnades et donna ainsi à la Prusse les meilleurs des enfants protestants de la France :

— Il lui sera beaucoup pardonné, parce qu'il a beaucoup aimé Molière.

V

MOLIÈRE COMÉDIEN.

'est une question curieuse et intéressante à résoudre que celle de savoir si Molière fut un bon comédien. La question est à peine faite, d'ailleurs, qu'elle se trouve résolue. Tous les contemporains, voire les ennemis, s'accordent à reconnaître que Molière fut un comédien excellent. On le trouvait cependant inférieur dans les rôles tragiques, et même exécrable dans les personnages de la tragédie; mais M. Régnier, l'éminent comédien, nous faisait remarquer avec beaucoup de justesse qu'il doit y avoir là exagération, car Baron, le premier des grands acteurs tragiques français, j'entends le le premier en date, était *élève de Molière*. Sans doute, le jeu de Molière, qui devait avant tout s'attacher au naturel (nous le verrons tout à l'heure), semblait fort inférieur à des spectateurs habitués à la boursouflure et aux gestes pompeux des Montdori et des Beauchâteau. « Mais, comme dit Molière dans sa *Critique de l'École des femmes*, il est bien plus aisé de se guinder sur de grands sentiments, de braver en vers la Fortune,

accuser le Destin, et dire des injures aux dieux, que d'entrer comme il faut dans le ridicule des hommes et de rendre agréablement sur le théâtre les défauts de tout le monde... C'est une étrange entreprise que de faire rire les honnêtes gens. » Ce qu'il dit là de la tragédie en général, il le pensait, sans doute, de la *façon même de jouer la tragédie*. Ses rivaux devaient être plus *ronflants*; il était, lui, plus naturel.

Ce qui est fort imprévu, c'est que Shakspeare, l'acteur-auteur, devait avoir les mêmes qualités que Molière, en tant que comédien.

On n'a point, il est vrai, pour Shakspeare, les documents et les données que l'on possède pour Molière; mais il est évident qu'en tenant compte de l'état d'enfance, de balbutiement, où se trouvaient la mise en scène — et le jeu des acteurs aussi, sans doute, — du temps de Shakspeare, l'auteur d'*Othello* devait être un comédien de talent. On le trouvait surtout admirable dans l'Ombre du père d'Hamlet, et, à dire vrai, il ne faut pas être médiocre pour interpréter un tel personnage. Toujours est-il que, pour Shakspeare comme pour Molière, l'idéal rêvé était le *naturel*. Il est fort intéressant, pour preuve à ce que j'avance, de comparer justement les conseils que Molière donne aux comédiens dans l'*Impromptu de Versailles* à ceux que donne Shakspeare à ses acteurs, au troisième acte d'*Hamlet*. Ce sont les mêmes idées, exprimées de façons différentes.

Molière déteste le ton outré, les postures exagérées, les temps d'arrêt qui *attirent l'approbation et font faire le brouhaha*. Shakspeare s'élève de même contre les bourreaux des vers et les déclamateurs à allures boursouflées :

« Dites ce discours, je vous prie, comme je l'ai prononcé devant vous, recommande Hamlet à ses comédiens ; dites-le en le laissant légèrement courir sur la langue ; mais, si vous le déclamez à plein gosier, comme font tant de nos acteurs, j'aimerais autant que mes vers fussent hurlés par le crieur de la ville. N'allez pas non plus trop scier l'air en long et en large, avec votre main, comme cela ; mais usez de tout sobrement, car dans le torrent, dans l'orage de votre passion, vous devez encore garder une modération qui puisse lui donner une certaine douceur. Cela me navre d'entendre un robuste gaillard, chargé d'une perruque, déchiqueter une passion, la déchirer, la mettre en haillons pour fendre les oreilles du parterre, qui n'aime d'ordinaire qu'une absurde pantomime ou quelque chose de très-bruyant. »

Ainsi, pour ces deux hommes, l'Anglais du xvie siècle et le Français du xviie siècle, le but est le même, le but du théâtre est de présenter, comme dit Shakspeare, un *miroir à la nature*. Shakspeare raille les comédiens de son temps, qui se *carraient et beuglaient*. Molière se moque de ce *roi bien entripaillé* qui fait ronfler les hémistiches. Que devient ainsi la théorie émise récemment par M. Victor

Hugo, qui veut qu'on admire surtout dans Shakspeare ou dans Eschyle en particulier, et dans le génie en général, la *monstruosité?*

Les *monstruosités* de Shakspeare tiennent à son temps; son génie tient à lui-même et à son respect de la *nature*.

Molière donc était fort bon comédien et avait sur son art des idées tout à fait sensées et tout à fait justes. Certes, il n'était pas homme à ne pas appliquer ses théories, et on devait s'attendre à ce qu'il eût pour lui-même les sévérités qu'il avait pour les autres. « Ah! le chien! Ah! le bourreau! » s'écriait-il un jour, parlant à Champmeslé dans les coulisses de son théâtre, tandis qu'un de ses comédiens *écorchait Tartuffe* sur la scène. Il avait fait de longs efforts pour se débarrasser d'une certaine volubilité de la langue qui affectait son débit lorsqu'il avait abordé le théâtre. Il s'était donc volontairement imposé une sorte de *hoquet,* dont parlent tous ses contemporains, et qui lui servait à scander sa phrase, à se contraindre lui-même à un débit moins précipité. Le vieux comédien Marcel a donné à La Martinière maintes traditions sur le jeu de Molière, et c'est lui qui nous apprend, par exemple, que Molière « entrait dans tous les détails de l'action, » c'est-à-dire qu'il n'oubliait ni un tic, ni une ride, ni un geste. « Il est vrai, ajoute-t-il, qu'il n'était bon que pour représenter le comique. » C'est toujours le même reproche, celui qu'on a adressé au théâtre de

Molière lui-même, *Molière bon pour la farce*, comme dit Schlegel. A quoi Molière eût pu répondre, comme il le faisait aux Schlegel de son temps :

— Que voulez-vous ? Il faut que je parle à une foule de peuple et à peu de gens d'esprit !

Les ennemis de Molière lui donnaient ainsi des conseils sur la façon dont il devait jouer ses personnages, et toujours ce reproche de ne savoir jouer que le *comique* revient sur l'eau :

Fais toujours le *docteur* ou fais toujours le *drille*,

lui dit-on.

Ou bien encore :

Tu ne naquis jamais que pour *faquiniser;*
Ces rôles d'amoureux ont l'action trop tendre.

Il s'ensuit que Molière n'était excellent que dans les rôles de laquais, et pourtant il a joué bien des rôles dans son répertoire. On peut dire, jusqu'à un certain point, qu'il y a rempli les meilleurs rôles. Voici d'ailleurs la liste des personnages représentés par Molière dans ses comédies [1] :

Le Barbouillé dans la *Jalousie du Barbouillé*.
Sganarelle dans le *Médecin volant*.
Mascarille dans l'*Étourdy*.
Albert dans le *Dépit amoureux*.

[1]. Voyez le livre de M. F. Hillemacher sur la *Troupe de Molière*.

Mascarille dans les *Précieuses ridicules*.
Sganarelle dans *Sganarelle*.
Don Garcie dans *Don Garcie de Navarre*.
Sganarelle dans *l'École des maris*.
Éraste dans les *Fascheux*.
Arnolphe dans *l'École des femmes*.
Molière dans *l'Impromptu de Versailles*.
Sganarelle dans le *Mariage forcé*.
Moron dans la *Princesse d'Élide*.
Lyciscas dans les *Plaisirs de l'Isle enchantée*.
Sganarelle dans *Don Juan*.
Sganarelle dans *l'Amour médecin*.
Alceste dans le *Misanthrope*.
Sganarelle dans le *Médecin malgré lui*.
Lycarsis dans *Mélicerte*.
Lycas dans la *Pastorale comique*.
Dom Pèdre dans le *Sicilien ou l'Amour peintre*.
Orgon dans *Tartuffe*.
Sosie dans *l'Amphitryon*.
Harpagon dans *l'Avare*.
George Dandin dans *George Dandin*.
Pourceaugnac dans *M. de Pourceaugnac*.
Clitidas dans les *Amants magnifiques*.
M. Jourdain dans le *Bourgeois gentilhomme*.
Zéphire dans *Psyché*.
Scapin dans les *Fourberies de Scapin*.
Un pâtre dans la *Comtesse d'Escarbagnas* (divertissement).
Un Turc dans la *Comtesse d'Escarbagnas* (divertissement).

Chrysale dans les *Femmes savantes*.
Argan dans le *Malade imaginaire*.

Au dire de ses ennemis, Molière ne valait ni Gros-Guillaume, ni Gauthier-Garguille, ni Turlupin, ni le tragique Belle-Rose, ce qui me paraît d'une exagération absurde. Ses acharnés adversaires ne peuvent point, d'ailleurs, contester son succès, qui était *fort grand;* — mais, ajoute bien vite l'un d'eux :

C'est-à-dire fort grand dans les pièces pour rire
Moyennant que le drosle en soit pourtant l'autheur,
Car aux pièces d'autruy, je suis son serviteur!
De sa vie, il n'entra dans le sens d'aucun autre!

Je ne sais si le reproche est bien grave pour le mérite de Molière. Il prouve simplement qu'il lui fallait être profondément convaincu pour être bon comédien, et je ne vois pas ce qu'il y a là de fort damnable.

Il jouait d'ailleurs assez souvent dans les pièces des autres, et l'on connaît cette anecdote où, dans certaine pièce, *Don Quixote,* de je ne sais quel auteur, Molière, jouant Sanche et, dans la coulisse, monté sur un âne qu'il avait peine à maîtriser, s'écriait : « Baron, La Forêt, à moi; ce maudit âne veut entrer! » Je m'imaginerais d'ailleurs Molière jouant avec plus de talent le maigre chevalier de la Manche que le gros Sancho, rieur et satisfait.

Une chose à noter, c'est que Molière était excellent pour contrefaire et, comme on dirait aujourd'hui, *imiter* les acteurs. Il y a, au théâtre, des comiques dont la spécialité consiste à parodier agréablement leurs camarades. Molière, précisément, était de ceux-là. Il se plaisait à le faire, à dîner, au dessert, entre amis, ou chez les grands seigneurs, ses hôtes. Dans l'*Impromptu de Versailles*, sans aller plus loin, on le voit contrefaire tour à tour Montfleury et Mlle de Beauchâteau, comédiens tous deux de l'hôtel de Bourgogne. Dans un pamphlet (de Villiers, sans doute), *la Vengeance des marquis* ou *Réponse à l'Impromptu de Versailles* (1664), nous voyons que Molière — l'auteur l'appelle *Alcipe* — prend la défense de Montfleury et retrace en quelques lignes le portrait ou le *portrait-charge*, pour mieux dire, de *Molière acteur*.

« Il souffle et il escume bien ; il a trouvé le secret de rendre son visage bouffi... Pour le contrefaire, il n'y a qu'à se boursouffler. C'est ainsi qu'il joue lorsqu'il contrefait les autres. »

Molière avait une façon personnelle de marcher en dressant la hanche : « Examinez bien cette hanche, ajoute l'auteur de la *Vengeance des marquis*... Il récite encore quelquefois ainsi en croisant les bras et en faisant un hoquet à la fin de chaque vers. » Voilà ce hoquet qui se changeait parfois en toux ; nous l'avons vu dans l'*Avare*.

M. Soleirol, dans son livre, *Molière et sa Troupe*, nous a donné deux gravures représentant

Molière en costume de théâtre : dans le premier de ces portraits (daté de 1658), Molière, couronne en tête, la barbe entière, est représenté dans le rôle de *Vulcain;* dans l'autre, daté de 1668, Molière, les cheveux longs, la petite moustache aux lèvres, est représenté dans le rôle d'Harpagon. Les gravures sont médiocres, mais d'un intérêt capital, absolument comme le livre si complet de M. Soleirol lui-même.

Molière ne se contentait point d'*imiter* les acteurs, ses rivaux; il avait une certaine habileté pour le *pastiche* et prenait un certain plaisir à parodier les poëtes prétentieux de son temps. Ce malheureux Benserade, qu'il parodia tout vif de la sorte, en savait quelque chose. Molière d'ailleurs ne lui donnait qu'un prêté pour un rendu. Au dire de l'auteur de la *Vie de Benserade,* Molière ayant composé une sorte de romance où se trouvaient ces deux vers :

> Et tracez sur les herbettes
> L'image de vos chansons!

Benserade se mit à rire :

— Par Dieu, dit-il, il serait plus logique d'écrire :

> Et tracez sur les herbettes
> L'image de vos *chaussons!*

Le trait fut sensible à Molière qui s'en vengea gaiement en *faisant du Benserade.*

Ces minces vengeances de Molière sont peu de chose à côté des satires empoisonnées qu'on décochait contre lui. Il y avait d'abord les injures personnelles, comme cette *pipe à fumer* qu'on lui jeta à la tête un jour qu'il jouait la comédie. Il y avait aussi les injures morales, plus insolentes et plus cruelles, parce qu'elles atteignaient plus encore *l'homme* que *l'acteur*. Dans un des pamphlets qu'il inspira à ses envieux, on voit ce malheureux *Élomire* traîné et battu, et on se moque de lui en lui rejetant au nez le mot de *Tartuffe* : « le pauvre homme! » Cependant quelqu'un, pris de pitié, s'écrie :

S'il en mouroit?

— Et un autre aussitôt :

Qu'importe! il meurt bien d'autres foux!

Ainsi, on offre à Molière le choix entre le bûcher et le cabanon. Molière souffrait, mais haussait les épaules et continuait à « amuser les honnêtes gens. »

Pendant ce temps, l'envie continuait à l'accabler de ses satires. Une comédie, jouée en 1669, au théâtre du Marais ou à l'hôtel de Bourgogne, — on n'en est point certain, — *la Critique du Tartuffe*, disait tout net :

Molière à son bonheur doit tout son avantage!

Il ne manquait plus à la haine et à la jalousie que d'accuser Molière d'être un *homme heureux*

Molière, « l'homme du monde qui travaillait avec le plus de difficulté, » nous disent Vinot et Lagrange, et qui avait tout prêts, un an à l'avance, les *Divertissements* qu'on lui demandait à l'improviste, maniait avec plus de facilité la parole que la plume, et, chose à noter et fort curieuse, il n'était point rare qu'il fît précéder ses pièces d'une sorte d'explication verbale par laquelle il entretenait les bonnes relations avec le public[1]. Il aimait à parler, non pour le plaisir de prendre la parole, mais pour bien faire entendre son idée ; et il est, je pense, assez étrange, de faire cette découverte que *Molière fut le premier conférencier.*

Oui, c'étaient de véritables *conférences* que ces causeries où Molière commentait et défendait ses propres pièces. On l'avait vu, lorsqu'il joua pour la première fois devant le roi, prendre la parole pour faire excuser par la noble assemblée les façons un peu campagnardes, rurales, dirait-on aujourd'hui, des débutants. On le revit plus d'une fois renouveler devant le public des conférences analogues à celle qu'il avait faite devant le roi. C'est ainsi que le *Mercure galant* de 1672 (t. I, p. 207) nous montre Molière venant, deux jours avant la représentation des *Femmes savantes*, se défendre

---

1. « Il aimoit à parler en public, il n'en perdoit jamais l'occasion, jusques-là que s'il mouroit quelque domestique de son théâtre, ce lui étoit un sujet de haranguer pour le premier jour de comédie. »   (*Marcel.*)

contre le bruit qui courait que Trissotin était le portrait du poëte Cotin.

« Une querelle de l'autheur, il y a environ huit ans, avec un homme de lettres qu'on prétend être représenté par M. Trissotin, dit le *Mercure*, a donné lieu à ce qui s'en est publié. Mais Molière s'est suffisamment justifié de cela *par une harangue qu'il fit au public* deux jours avant la première représentation de sa pièce. Et puis ce prétendu original de cette agréable comédie ne doit pas se mettre en peine, s'il est aussi sage et aussi habile homme que l'on dit, et cela ne servira qu'à faire éclater davantage son mérite [1]. »

[1]. Le *Mercure galant*, soit dit en passant, se montre fort aimable pour cette comédie des *Femmes savantes*, qui a valu à Molière le reproche d'avoir attaqué les femmes intelligentes et supérieures : « Jamais, dans une seule année, dit le *Mercure*, l'on ne vit tant de belles pièces de théâtre, et le fameux Molière ne nous a pas trompés. Il y a, au troisième acte, une querelle entre M. Trissotin et un autre qui divertit beaucoup. »

Les pièces de Molière n'obtenaient guère d'ordinaire leur succès qu'à la longue. Celle-ci fut applaudie dès le premier jour.

En dépit du *Mercure galant* et de la *conférence* de Molière, on ne peut nier que l'abbé Cotin ne soit l'original de Trissotin. Dans la satire que Cotin composa contre Boileau pour le pâtissier Mignot, *l'empoisonneur* le plus habile du monde, au dire de Despréaux, l'abbé se laissa aller à traiter Molière de Turlupin « jouant du nez et faisant des grimaces pour servir de *compère au bateleur* Despréaux. » Molière, quoi qu'il en ait dit avant la re-

Ainsi, *Molière conférencier* égalait *Molière comédien*. Encore un-coup, ce n'était pas le goût des discours et le prurit de la langue qui poussaient Molière à parler en public, mais l'âpre besoin d'expliquer ses idées et son but. Il tenait les harangueurs pour peu de chose, si j'en juge par le mot qu'il dit, un jour que l'avocat Fourcroi, bruyant et infatigable, discutait devant lui avec Boileau Despréaux, dont la voix était faible et aiguë :

« Ah ! bon Dieu, dit Molière, en montrant Fourcroi, qu'est-ce que la raison avec un filet de voix contre une gueule comme celle-là ? »

Mais Molière savait aussi de quel prix est la voix qui enseigne, commente, explique, persuade.

présentation, se vengea de Charles Cotin en mettant en scène certaine querelle, célèbre dans les ruelles, que Cotin avait eue avec Ménage ; poussant plus loin la satire, l'auteur des *Femmes savantes* alla jusqu'à reproduire un sonnet célèbre de Cotin, le *Sonnet à Mademoiselle de Longueville, à présent duchesse de Nemours, sur la fièvre quarte* (*Œuvres meslées*, édit. de 1659, 2ᵉ partie, pages 78-79) :

> Votre prudence est endormie
> De traiter magnifiquement
> Et de loger superbement
> Votre plus cruelle ennemie...

Le madrigal sur un *carosse amarante* est aussi de Cotin et non de Molière. — La postérité, malgré la déclaration de l'auteur de la comédie, a confondu Cotin avec Trissotin.

De là cette habitude des oraisons et, je le répète, des conférences. Comédien, on disait de lui qu'il savait faire jouer jusqu'aux enfants (*le Malade imaginaire*) et qu'il ferait, s'il le fallait, jouer *jusqu'à des fagots*. Orateur, il devait avoir beaucoup de prise sur le public par ce charme souffrant et musical de sa voix de malade.

« Bref, conclut La Martinière, dans les intéressantes additions qu'il mit aux biographies de Vinot et Lagrange, et de Grimarest[1], Molière a été pour le comique ce que Corneille a été pour le tragique; mais Corneille a vu, avant de mourir, un jeune rival lui disputer la première place, et faire balancer entre eux le jugement du parterre. Molière n'a encore eu personne qu'on puisse lui comparer. (*Ceci était écrit en 1745 et reste vrai en 1873.*) On a reproché à Molière qu'il donnait des farces pour des comédies; et ceux qui examinent si une pièce qui les fait rire est dans toute la rigueur des règles voudraient que tous ses ouvrages fussent aussi justes et aussi travaillés que le *Misanthrope* et le *Tartuffe;* mais ils ne font pas assez de réflexion sur la nécessité où était l'auteur de faire subsister une troupe fort nombreuse. Il fallait ménager un peuple qui apportait l'argent nécessaire pour l'entretien de tant de personnes, et qui fournissait abondamment aux grands frais des

---

1. Il faut consulter aussi les *Hommes illustres* de Ch. Perrault, l'auteur des *Contes*, et le *Dictionnaire* de Bayle (t. IV).

représentations. C'est à la faveur de ces sortes de compositions que le gros des spectateurs avait pris goût pour l'auteur, et plus de gens vont à la comédie pour rire qu'il n'y en a pour admirer. »

Certes. Et Molière, directeur et comédien, sacrifiant parfois à ce que ses ennemis appelaient les *turlupinades*, est autrement excusable que les *faiseurs* d'aujourd'hui, entrepreneurs de succès, qui n'ont d'autre troupe à nourrir que leurs appétits personnels et qui cependant flattent le public dans ce qu'il a de bas et de niais, oubliant ainsi que le talent et le génie sont faits pour guider la foule et non pour la suivre en esclaves bien rentés et bien repus.

Tel fut chez Molière le comédien, celui qu'on bafoua avec tant de haine, mais aussi celui qu'un ontemporain, l'auteur du *Livre sans nom* (publié à Lyon, chez Baritel l'aîné, MDCCXI), plaçait déjà, presque au lendemain de la mort du pauvre grand homme, au rang des poëtes immortels.

En effet, dans ce livre précieux, lorsque Eaque et Radamante, les juges infernaux, devant qui tous les personnages de Molière, entre autres *un Limosin*, viennent se plaindre et réclament contre le malheureux un bannissement de six cents ans aux Enfers, et que les juges demandent où loge Molière : — « A *l'auberge des Poëtes*, est-il répondu, avec *Térence et Plaute!* »

La postérité n'a pas mieux dit.

VI

LES CALOMNIATEURS DE MOLIÈRE.

ES pages ne sont point — ai-je besoin de le dire à présent? — une biographie suivie de Molière, mais une suite d'études assez curieuses, croyons-nous, et faites d'après des documents certains. On a souvent dit que Molière avait été cruellement, brutalement attaqué, mais on n'a point cité d'ordinaire les attaques et les injures. Elles valaient cependant d'être recueillies, ne fût-ce que pour inspirer à toute âme l'horreur et le dédain de ces calomnies qui, devant l'avenir, ne souillent jamais que ceux qui ont osé s'en faire une arme contre le talent ou la probité.

M. P. Lacroix a réuni dans une suite précieuse de petits livres, la *Collection Moliéresque*, fort difficile à compléter aujourd'hui, la plupart de ces pamphlets qu'il a fort obligeamment mis à notre disposition. Ils forment l'une des parties intéressantes de cette *Bibliothèque Moliéresque*, collection unique peut-être et que conserve M. Ed. Thierry dans un des cabinets de la *Réserve* de la Bibliothèque de l'Arsenal. On éprouve une certaine tristesse à feuilleter ces pages vénéneuses et à se dire que chacun des traits empoisonnés qu'elles contiennent allait frapper le pauvre Molière en plein cœur. Que la haine et l'envie peuvent forger de méchancetés !

Tant de fiel entre-t-il dans l'âme d'un dévot ?

s'écriait Molière. Il aurait pu ajouter : d'un dévot et d'un lettré de bas étage. Les lettres font crever une vésicule particulière dans la poitrine de l'homme lorsqu'elles ne le grandissent et ne l'épurent pas.

D'ailleurs, aux envieux et aux impuissants, il faut bien un prétexte pour passer à la postérité ; ce prétexte, c'est la calomnie ! Qui se souviendrait de Jaulnay, de B. de Somaize, de Roulès, de Le Boulanger de Chalussay, si Molière n'avait pas emporté ces haineux et médiocres personnages dans le rayonnement de sa gloire et comme on emporterait un insecte sur son manteau ?

Un des pamphlets les moins odieux, et pourtant les plus amers, qu'on ait publiés sur Molière, c'est le *Mariage sans mariage* du comédien Marcel, représenté sur le théâtre du Marais en 1671. Ce Marcel, d'abord fort lié avec Molière, se réconcilia avec lui depuis la représentation du *Mariage sans mariage*, à en juger par les épitaphes louangeuses qui parurent, signées de ce nom *Marcel*, après la mort du grand comique.

Dans ce *Mariage sans mariage*[1], l'auteur nous avertit que le héros ressemble beaucoup à *l'original sur lequel* il a copié *les brusqueries d'Anselme* et ses extravagances. Cet Anselme, marchand enrichi, est une sorte de Sganarelle de l'*École des maris*. Son cas est grave : il est « impuissant » ; or il est indiqué dans le livre de la *Fameuse comédienne* que Molière était parfois affligé de ce malheur. L'Isabelle du *Mariage sans mariage* serait donc Armande Béjart. C'était peut-être là son nom de théâtre, outre ce nom romanesque de *Grésinde* — dont elle s'était affublée — ou parée. Clotaire, ami d'Anselme, et épris d'Isabelle, nous représenterait Baron, ce petit Baron que Molière avait adopté et qu'il aimait comme un fils :

> Quoique depuis six ans que, voyageant tous deux,
> D'une forte amitié nous serrasmes les nœuds,
> Il m'ait toujours traité comme son propre père...

On reconnaît, çà et là, plus d'un trait du caractère de Molière. Par exemple, Isabelle se plaint que son mari ne croit pas à la vertu des femmes :

> Pour leur commun malheur il s'est mis dans la teste
> Qu'à moins que de l'espreuve, il n'en est point d'honneste.

---

1. Publié d'après l'édition de Paris, 1670. *J. Gay et fils* (Turin, 1869).

Et Marcel fait redire à son Anselme ce vers de Molière tout entier et très-exactement cité :

La femme est, sans mentir, un fâcheux animal.

Les infortunes conjugales de Molière forment d'ailleurs le fond ordinaire des pièces dirigées contre l'auteur de l'*École des maris*. Un ennemi violent, Boudeau de Somaize, dans sa comédie des *Véritables Précieuses* (Jean Ribou, 1660), se moque de Molière, qu'il ridiculise sous le pseudonyme de Mascarille. Molière le força même à supprimer certain passage de la mort de *Lusse-tu-cru* qu'il montrait lapidé par les femmes.

Un autre pamphlet, plus violent, en réponse au *Cocu imaginaire* (joué le 18 mars 1660), ce fut *la Cocue imaginaire*. Le privilége est daté du 25 juillet 1660.

L'auteur, faisant allusion à Molière, écrit qu'il « cache sous une fausse vertu tout ce que l'insolence a de plus effronté. »

« Il s'érige, ajoute-t-il, en juge et condamne à la berne les singes, sans voir qu'il prononce un arrest contre luy, en le prononçant contre eux, puisqu'il est certain qu'il est singe en tout ce qu'il fait. ». C'est là qu'on trouve que Molière a *copié les Précieuses de M. l'abbé de Pure,* jouées aux Italiens, qu'il a acheté de la veuve les Mémoires de Guillot-Gorju, et *qu'il en a tiré toute sa gloire!* Et l'auteur reprend, après Molière, restitue le vrai langage des *Précieuses* et nous parle de « *l'agrément donné entre les deux sœurs* (le lavement) ; et de la volupté de l'amour permis (le mariage). » Mais là n'est pas le but de sa pièce ; ce but est de salir Molière. Ce fier et hautain poëte, son rival nous le montre quémandant et intriguant : « il a tiré des limbes son *Despit amoureux* à force de coups de chapeau et d'offrir les loges à deux pistoles. » Dans la mort de *Lusse-tu-cru*, Lusse-tu-cru parlait, au rire de tout le parterre, de sa femme « *acariâtre et gueuse de vertu.* » Ainsi, la Béjart elle-même n'était pas épargnée.

Pauvre Molière ! Mais ce n'est point tout. Voici un pamphlet encore, *la Guerre comique ou la défense de l'École des femmes*, par le sieur de la Croix (Paris, 1664), et Molière, sous le nom d'Alcidor, y est ainsi peint, en deux traits :

« Il lit tous les livres satyriques, il pille dans l'italien, il pille dans l'espagnol, et il n'y a point de bouquin qui se sauve de ses mains. Il prend dans Boccace, dans Douville, et son *Escole des femmes* n'est qu'un pot pourry de la *Précaution inutile* et d'une histoire de Straparolle. »

Ce reproche de pillerie, on l'adresse souvent à Molière. Un autre de ces pamphlets dit que, si un tailleur lui faisait un habit, il le devrait composer des vêtements de Scaramouche et de Turlupin, auxquels, en vrai Arlequin, il empruntait pour se vêtir.

Quelle attitude, cependant, gardait Molière

devant toutes ces attaques? Il faisait contre mauvaise fortune bon cœur et répondait avec esprit à ces sottises. On trouve dans une pièce de Chevalier, comédien du théâtre du Marais, *les Amours de Calotin* (1663), la trace de cette anecdote qui nous représente Molière allant bravement assister, devant la foule assemblée, aux pièces dirigées contre lui. C'est ainsi qu'on le vit s'asseoir, en plein théâtre, parmi les marquis, à une représentation du *Portrait du peintre*, où Boursault raillait l'*École des femmes*, et soutenait avec plus ou moins d'esprit que cette *comédie* était une *tragédie*, et la preuve c'est que « *le petit chat y était mort.* » Chevalier nous apprend même que Molière eut le bon esprit de trouver la plaisanterie charmante.

Quelqu'un lui demanda : « Molière, qu'en dis-tu?
— Admirable, morbleu, du dernier admirable! »

Ce Chevalier, qui n'est point, comme il dit, *de ces fous qui haïssent Molière*, nous donne le secret de l'acharnement de certaines gens contre l'auteur de l'*École des femmes*. Pure affaire de boutique, pour parler vulgairement. Molière aux yeux de ses rivaux avait trop de succès.

Ce diable de Molière entraîne tout chez lui[1].

1. Il faut lire, dans les *Amours de Calotin*, la conver-

Puis Chevalier revient à l'attitude de Molière au théâtre :

« Mais l'on m'a dit à moy qu'il fit à quelques dames
La réponse qu'il fait à l'*École des femmes*,
Lorsqu'il n'en riait pas assez à leur avis ;
Il leur dit : Moy j'en ris tout autant que je puis. »

Ce ne sont là que des attaques sans importance, et Boursault n'est pas le plus cruel des ennemis de Molière. Le malheureux grand homme Molière devait en rencontrer de plus atroces. En 1668, un an avant la publication de *Tartuffe*, qui faisait déjà grand bruit de par le monde, un certain Ch. Jaulnay, doyen et chantre de l'église de Saint-Roulé, à Senlis, publia une longue pièce de vers, *l'Enfer burlesque*, tiré, dit le titre, des visions de Dom F. de Quevedo. C'était un assez piètre moraliste, ce Jaulnay, qui devait plus tard, lorsque Molière mourut, éditer le plus odieux quatrain et la plus infâme calomnie. Depuis que Le Boulanger de Chalussay, que nous allons rencontrer tout à l'heure, avait publié son *Élomire hypocondre*, ce nom d'Élomire, cet anagramme était devenu une sorte

sation entre *le Marquis* qui se plaint de Molière — l'ennemi des marquis — et *le Baron* qui se plaint de Poisson, coupable d'avoir écrit *le Baron de la Crasse*. On doit absolument consulter, si l'on veut connaître à fond toutes ces querelles, l'excellent ouvrage de M. Victor Fournel, *les Contemporains de Molière* (2 vol. in-8).

de pseudonyme public de Molière. On l'appelait aussi, dans un certain monde, *Belphégor*, au dire de M. P. Lacroix, qui ajoute que, depuis que La Fontaine avait mis en vers la nouvelle de *Belphégor*, la fameuse Mme *Honesta* était devenue le prototype de Mlle Molière. Ce qu'il y a de certain, c'est que Jaulnay se divertit beaucoup du « Mariage de Belphégor. » Plus tard, à la mort de Molière, il ajoutera des vers plus violents encore à une édition nouvelle de son *Enfer burlesque*, et on retrouvera dans ces vers la preuve que ce chantre est l'auteur enragé de ces quatre vers hideux, rimés contre Molière en forme d'épitaphe :

> Il se servit de la coquille
> Et de la mère et de la fille,
> Et ne trouva dedans sa fin
> Ni Dieu, ni loy, ni médecin.

Or ce chantre dévot d'une église de Senlis, qui osait ainsi calomnier comme s'il eût amalgamé en lui les sentiments de Tartuffe et ceux de Basile, ce Jaulnay, défenseur imprévu de la morale, n'avait pas rougi dans un livre publié par lui, *les Questions d'amour*, de poser des questions et de formuler des réponses dans le genre de celle que voici :

« *Si les dernières faveurs se peuvent donner, par une honneste maistresse, comme des preuves de son amour ?* »

Réponse :

« *Une honneste maistresse doit aimer son amant plus que sa réputation et sur ce pied elle doit accorder la dernière faveur à son amant, comme une preuve de son amour, jamais autrement.* »

O Molière, ô grand ennemi de cette casuistique et de cette hypocrisie, comme on s'explique les haines farouches que tu déchaînas alors contre toi ! Et voici comment ce Jaulnay, l'auteur de l'*Enfer burlesque*, s'irritait de voir rendre hommage à l'auteur de *Tartuffe* :

> J'aperçus parmy les bouffons
> Le plus ridicule spectacle
> Qu'on pût voir en cet habitacle :
> *C'estoit un homme descharné*
> *Comme un farceur enfariné,*
> *Assis la teste un peu baissée,*
> *Dessus une chaise percée,*
> Faisant cent tours de harlequins,
> Tant de ses pieds que de ses mains.
> Tantost ce digne personnage
> Faisoit voir dedans son visage
> Les traits d'un homme genereux,
> Tantost d'un niais, tantost d'un gueux ;
> Tantost avec une grimace
> Il se defiguroit la face,
> Et souvent rendoit son museau
> Plus laid que le groin d'un pourceau.
> Avec cette plaisante mine,
> Il portoit dessus son eschine
> Un ridicule mantelet
> Rouge, vert, noir et violet,

Bordé d'une frange d'estoupe.
Si j'avois une rime en *oupe*
Je m'en servirois bien icy[1].

. . . .
. . . .

Les Gratelards, les Trivelins,
Et les farceurs les plus grotesques,
N'eurent de formes si burlesques.
Il sembloit pourtant à le voir,
Qu'il estoit homme de pouvoir;
Car, malgré sa main bouffonne,
On voyoit près de sa personne
Un grand nombre de courtisans,
Fort bien faits, et tres complaisans
Vestus d'un beau drap d'Angleterre,
Qui plioient le genouil en terre
Devant ce marmouzet hydeux,
Qui se mocquoit encore d'eux
Avec leurs sottes complaisances
Et leurs profondes reverences.

Je fus longtemps à ruminer
Sans jamais pouvoir deviner
Quel estoit ce pendart insigne :
Pour lors un diable me fit signe
Et me dit, d'un ton assez haut :
Recognoissez-vous ce maraut?
— Non, dis-je. — C'est ce que j'admire,

---

1. *Variante :*

Un ridicule mantelet
Que Scaramouche eut de son oncle...
Si j'avois une rime en oncle,
Je m'en servirois bien icy.

> Repart-il, de voir qu'Elomire
> Des farceurs le plus ingenu,
> Vous puisse estre encore inconnu.
> — Quoy! dis-je, ce poëte suprême...
> — Oui, dit le diable, c'est luy-mesme,
> Et ceux qu'on voit autour de luy
> Sont les Turlupins d'aujourd'huy,
> Que ce comedien folastre
> A loüé dessus son theatre :
> Et quoy que ce fou, leur amy,
> Les faquine en diable et demy,
> Ces marquis de haut apanage
> Luy viennent encor rendre hommage.

Ces vers, il faut l'avouer, sont pour l'histoire littéraire d'un intérêt tout à fait capital, et on pardonnerait presque à ce misérable Jaulnay de les avoir écrits en songeant qu'ils nous rendent assez naïvement l'aspect même de Molière, pâle, la tête penchée et vêtu de ses habits rayés de Scapin ou de Mascarille. Il est d'ailleurs fort important de voir « ce bouffon » ainsi salué par « des marquis de haut apanage » et le chantre de Senlis laisse vraiment trop percer son dépit et connaître la source de son fiel.

A dire vrai, il est peut être clément et modéré dans ses calomnies, ce maître drôle, comparé à l'illustre inconnu qui n'est passé à la postérité que grâce à une mauvaise action. C'est Le Boulanger de Chalussay que je veux dire, et *Élomire hypocondre* dont je veux parler.[1]

1. Voyez *Elomire hypocondre ou les Medecins vengez*,

On ne sait rien ou presque rien de l'auteur d'*Élomire hypocondre*, qui dut cependant être lié d'assez près avec Tallemant des Réaux. Tallemant, un des protecteurs du poëte Desfontaines, auteur et peut-être acteur, avait recueilli auprès de lui tout ce qui concernait le Molière de l'*Illustre-Théâtre*, le Molière jeune et vagabond des premières années. Ce fut de lui peut-être que Le Boulanger, furieux qu'on lui eût refusé une pièce, l'*Abjuration du Marquisat*, au théâtre du Palais-Royal, apprit certaines particularités dont il se servit pour composer son pamphlet. Il avait déjà fait alors imprimer, — en Hollande sans doute, — un petit livre en prose et en vers, sous ce titre : *Morale galante, ou l'Art de bien aimer*, dédié à Mgr le Dauphin (à la Sphère), à Paris, chez Claude Barbin, au Signe-de-la-Croix, 1669 (petit in-12). M. Lacroix nous dit que c'est là un ouvrage fade, précieux, avec une dédicace qui peut passer pour un chef-d'œuvre de flagornerie.

La première édition d'*Élomire hypocondre* est datée de 1670 (Paris, Charles de Sercy, au Palais, au sixième pillier de la grand'salle, à la Bonne Foy couronnée, 1670, in-12, de 4 folios préliminaires et de 112 pages). Elle est fort rare et à

comédie par M. Le Boulanger de Chalussay, avec une notice de M. P. Lacroix (Genève, chez *J. Gay et fils*, 1867). M. Maurice Raynaud s'est beaucoup servi, et avec raison, de ce pamphlet dans son livre si intéressant, *les Médecins au temps de Molière*.

peu près introuvable. La deuxième est de 1672. Entre ces deux années se place le procès en diffamation que le malheureux Molière intenta à l'auteur [1], qui s'en venge dans sa deuxième édition en disant : « Ce serait peu que vous vissiez le portrait du sieur Molière dans cette pièce, si vous n'appreniez en même temps ce qu'il a fait pour la supprimer, puisque cela a donné lieu à l'autheur d'en faire une seconde qui est *capable de le faire devenir fou, dès qu'elle aura veu le jour...* » La première édition était ornée d'une estampe gravée par L. Weyen, et représentant *Molière prenant des leçons de Scaramouche*. Cette estampe, supprimée après le procès intenté par Molière devant la grand'-chambre du Parlement de Paris, montrait *Scaramouche enseignant* et *Élomire étudiant*. Élomire tient un miroir. Une foule de gens en perruque le regardent et rient. Au-dessous, ces mots, qui sont, après tout, un hommage rendu à Molière : *Qualis erit? tanto docente magistro.*

Dans sa préface, Le Boulanger prétend que Molière avait dit, en particulier et en public, *qu'il s'allait jouer lui-même et que ce serait là qu'on verrait un coup de maistre de sa façon.* Mais, ajoute le pamphlétaire : « *Ce fameux peintre a passé l'éponge sur ce tableau.* » Il l'entreprend

---

1. M. Em. Raymond a donc tort d'affirmer, dans l'appendice de son *Molière en Languedoc*, que Molière opposa le dédain à la calomnie.

donc, lui, à son tour, et cette fois le portrait sera achevé. Mais quel portrait! Une *charge* à la manière noire. Molière, selon lui, était né dans la *friperie*, dans la *juiverie*. Il était bizarre, irascible, capricieux, méchant, triste, maladif, hypocondriaque :

> Vous en voyez l'effet de cette peine extrême
> En ces yeux enfoncés, en ce visage blême,
> En ce corps qui n'a plus presque rien de vivant,
> Et qui n'est presque plus qu'un cadavre mouvant.

L'ennemi n'est point généreux. Il revient avec un acharnement de bête de proie sur la maladie qui rongeait Molière, sur cette *toux* dont il se moquait lui-même (dans *l'Avare*), et qui n'était qu'un des symptômes de la phthisie [1]. Ah! comme le pamphlétaire s'en donne à cœur joie de railler

---

1. Voyez les *Œuvres de M. de Molière* (à Toulouse, chez *Dupuy*, M. DC. XCVII). La vie de Molière qui forme la préface est de Marcel.
J'y lis : « Il s'étoit joué lui-même sur cette incom« modité dans la 5e scène du 2e acte de l'*Avare*, lorsque « Arpagon dit à Frosine : « Je n'ai pas de grandes incom« modités, Dieu mercy, il n'y a que ma fluxion qui me « prend de temps en temps. » A quoy Frosine répond : — Votre fluxion ne vous sied point mal, et vous avez grâce à tousser. » Cependant c'est cette toux qui a abrégé sa vie de plus de vingt ans. Il estoit d'ailleurs d'une très-bonne constitution, et sans l'accident qui laissa son mal sans aucun remède, il n'eût pas manqué de forces pour le surmonter. »

non-seulement « *l'insolent orgueil de cet esprit altier,* » de ce *maistre maroufle* qui a nom Molière, mais la maladie dont meurt, presque jour par jour, ce pauvre grand homme qui ne vit que de petit-lait ! En vérité, cela est épouvantable, cette persistance à aboyer contre le génie qui passe et à insulter l'homme qui agonise.

Dès la première scène de l'acte premier d'*Élomire hypocondre*, Élomire dit à sa femme (Isabelle) :

> N'as-tu pas remarqué que depuis quelque temps
>   Je tousse et ne dors point ?
>   ... Le miroir me l'a dit tout de mesme,
> Et ces bras qui naguère étoient de vrais gigots,
>   Comment les trouves-tu ?

> LAZARILLE.
>   Ce ne sont que des os,
> Et je crois que bien tost, plus secs que vieux squelettes,
> On s'en pourra servir au lieu de castagnettes¹ !

Quelle lâcheté dans l'attaque et quelle méchanceté préméditée ! Molière mourant n'est pas respecté, si je puis dire, dans son râle. Molière malheureux le sera-t-il dans son foyer ? Écoutez :

---

1. On retrouve là, dans les questions incessantes d'Élomire : *Lazarille, ai-je pas le teint blesme ?* etc., la première idée du fameux : *Demandez plutôt à Lazarille !* qu'une farce, le *Pied de Mouton* de Martainville, rendit populaire près de deux siècles plus tard.

Chez le grand Scaramouche il va soir et matin.
Là, le miroir en main, et ce grand homme en face,
Il n'est contorsion, posture ny grimace,
Que ce grand écolier du plus grand des bouffons
Ne fasse et ne refasse en cent et cent façons;
Tantost pour exprimer les soucis d'un ménage,
De mille et mille plis il fronce son visage;
Puis joignant la pâleur à ces rides qu'il fait,
D'un mary malheureux il est le vray portrait.

Voilà le trait lancé, il est entré dans la plaie; il ne s'agit plus que de le tourner et de le retourner dans la blessure. Ce B. de Chalussay s'y entend à merveille. Il s'amuse, il ricane, il s'écrie :

Et l'on croit, tant ses yeux peignent bien cet affront,
Qu'il a la rage au cœur, et les cornes au front.

C'est l'insecte vil rendant le lion furieux. Ailleurs, l'auteur d'*Élomire hypocondre* fait à Molière un grief de sa principale gloire; il lui reproche d'avoir fait succéder la *farce et le tabarinage* à la noble tragédie d'autrefois. L'acteur Florimont, dans *Élomire*, parlant de ce héros qui a purgé la scène et corrigé le théâtre, — c'est de Richelieu qu'il s'agit et non, comme on le pourrait croire, de Corneille, — ce Florimont dit que depuis Molière :

Ces vers pompeux et forts, ces grands raisonnemens,
Qu'on n'écoute jamais sans des ravissemens,
Ces chefs-d'œuvre de l'art, ces grandes tragédies
Par ce bouffon célèbre en vont estre bannies;

> Et nous, bien tost réduits à vivre en Tabarins,
> Allons redevenir l'opprobre des humains.

Pauvre sot qui ne voit pas que le rire clair de Molière chasse, comme un rayon les hibous, toutes les pompeuses et poudreuses tragédies! — Mais la haine littéraire ne dicte pas seule à Le Boulanger de Chalussay ses odieuses attaques. Lui aussi, l'auteur d'*Élomire hypocondre* se mêle d'être dévot et de vouer Molière au bûcher. Il le menace même charitablement de l'enfer, il lui parle avec malédictions de *son salut* :

ÉLOMIRE.

Mon salut ? Je suis donc dans un péril extrême !

FLORIMONT.

Oui, grâce aux saletez de ta *Tarte à la crème;*
Grâce à ton *Imposteur*, dont les impietez
T'apprêtent des fagots déjà de tous costez.

ÉLOMIRE.

Hé ! ce sont des cotrets.

FLORIMONT.

      Trêve de raillerie ;
Le cotret pourroit bien estre de la partie [1].

Arrêtons-nous. Voilà, ce me semble, assez d'injures et assez de fange. Ce qu'a supporté Molière peut nous rendre patients aujourd'hui, dans nos

---

1. *Élomire hypocondre*, acte IV, scène 1.

polémiques quotidiennes. Jamais homme a-t-il été plus bafoué et plus calomnié, calomnié et bafoué dans sa vie, dans ses œuvres, dans sa femme, dans sa douleur, dans le mal mortel dont il mourait? Et cependant il n'en était ni plus amer, ni plus méchant. Il se vengeait en faisant le bien. Mais de quel mépris devait-il couvrir tous ces êtres malsains déchaînés contre lui! Il ne haïssait pas, mais il souffrait. Pour de telles âmes, le mépris des hommes est d'ailleurs la plus grande des souffrances. Il est des êtres privilégiés, et ce grand Molière était de ce nombre, qui ne peuvent se résigner à détester. Ils passent sombres dans la vie et parfois seulement on voit errer sur leurs lèvres attristées et cependant bienveillantes un pâle et mélancolique sourire. Ce sont des cœurs blessés qui portent le deuil de chères illusions disparues; le monde dit en les voyant : « Ce sont des misanthropes! » Hélas, ils n'en sont venus à regarder les hommes avec ce regard profond et triste que parce qu'ils ont jeté un œil indulgent et confiant à l'humanité tout entière. Ils ont beaucoup aimé et compté le nombre des trahisons par le nombre de leurs affections. Ce qu'il leur faut à présent, c'est le silence et l'ombre. Que s'ils s'appellent Molière cependant, ils font passer dans l'âme immortelle d'un Alceste une partie de leurs pensées, de leurs espoirs déçus, de ce qu'ils nomment leurs haines vigoureuses qui ne sont que de douloureuses révoltes, et la gloire les console de leurs souffrances. Mais s'ils se résignent à se taire, ou s'ils n'ont pas le génie pour peindre leur douleur, ils glissent à travers la vie comme une barque sur un lac, et, après avoir vécu méconnus, ils meurent oubliés, demandant la grande consolation à l'éternel repos. Et peut-être, sans gloire, sans rayons, sans fracas, sont-ils plus heureux que Molière.

VII

LES PORTRAITS DE MOLIÈRE.

E ne sont pas seulement des portraits peints ou gravés dont je veux parler, mais de ces portraits à la plume que tracent les contemporains, amis et ennemis. Le plus curieux de tous, peut-être, celui où je retrouve, avec l'accent le plus vivant, *le contemplateur,* ce n'est pas celui de M*lle* Paul Poisson, fille de Du Croisy, que je citais dans une note du chapitre premier, c'est le portrait qu'a tracé de Molière l'auteur de *Zélinde, ou la véritable critique de l'École des femmes.* L'auteur de cette comédie est peut-être Jean Donneau de Visé, je ne saurais l'affirmer en aucune façon, mais, à coup sûr, c'est un peintre rapide et définitif. En parlant de La Fontaine, il l'appelle, en passant, « *un poëte à dentelle et à grands cheveux,* » et ne croit-on pas apercevoir La Fontaine? Or, voici ce que dit de Molière dans cette comédie de *Zélinde* un personnage, Argimon, un marchand :

« Je l'ai trouvé sur ma boutique, dans la posture d'un homme qui rêve. Il avoit les yeux collez sur trois ou quatre personnes de qualité qui marchandoient des dentelles ; il paroissoit attentif à leurs discours et il sembloit, par le mouvement de ses yeux, qu'il regardoit jusqu'au fond de leurs âmes pour y voir ce qu'elles ne disoient pas ; je crois mesme qu'il avoit des tablettes et qu'à la faveur de son manteau, il a escrit, sans estre aperçeu, ce qu'elles ont dit de plus remarquable. »

Est-il possible d'oublier ces *yeux collez*, ce *regard qui va jusqu'au fond des âmes*? Molière n'est-il point là peint de pied en cap ?

Le célèbre portrait du Louvre, attribué pendant fort longtemps à Mignard, ne nous rend pas mieux que ces quelques lignes la physionomie pensive de Molière. Le buste de Houdon (j'en ai vu chez M. Paul Lacroix un original vraiment fort beau), ce buste où Molière tourne de côté son regard mélancolique et sourit de ses grosses lèvres plus tristes encore que railleuses, n'est pas plus vivant que ce fragment d'une comédie oubliée.

Mais de tous les portraits de Molière, peut-être préféré-je celui que peignit Mignard et que M. Étienne Arago acheta 6,500 francs (on en voulait 7,500 francs) à la vente Vidal, pour le compte de la Comédie-Française. C'est une admirable toile, d'une remarquable intensité de vie, et qu'on n'oublie pas dès qu'on l'a vue.

Ce n'est plus là le Molière attristé, consumé et ravagé que nous connaissions par le portrait du Louvre, c'est un Molière plus jeune, non pas souriant, mais moins amer, plus confiant, regardant avec une sorte de défi cette existence qu'il contemplera bientôt avec abattement.

Sur ce portrait, Molière a dépassé la trentaine ; c'est un homme vigoureux, ardent, levant ses grands yeux inquisiteurs sur les hommes et sur les choses. C'est « l'acteur » que nous a peint Mignard. Molière, dans le costume de César de la *Mort de Pompée,* est représenté en toge rouge, le bâton de commandement à la main. Le bras et le cou sont nus. Sauf la longue perruque couronnée de laurier, c'est le costume romain dans son intégrité, et c'est chose curieuse à noter que Molière, qui, auteur dramatique, introduisit la réalité dans la comédie, acteur, ait voulu l'introduire aussi dans la tragédie. Son costume est, en effet, à peu de chose près, exact, authentique. Molière avait rêvé ce que Talma accomplit plus tard.

Ce portrait date de l'arrivée de Molière à Paris. Il ne joua guère en effet de tragédie qu'à cette époque. C'est une bonne fortune pour la Comédie-Française que la possession d'un tel chef-d'œuvre. Non-seulement l'œuvre d'art est superbe, d'une conservation parfaite, — quelques repeints exceptés, dans le bras, — mais encore c'est là comme une page d'histoire. On s'imagine, en la voyant, Molière portant déjà son monde dans sa tête et songeant enfin à l'animer. Et c'est ce regard qui confond : de grands yeux enflammés, à prunelles ardentes. Tout le visage d'ailleurs exprime un bouillonnement intérieur, une soif de lutte, une certaine appréhension, l'émotion de la veillée des armes, mais aussi la conscience même de la force. Les narines du comédien qui va entrer en scène, de l'auteur qui va faire mouvoir ses personnages, battent comme des naseaux qui sentent l'odeur de la poudre. Et cette bouche ironique et confiante à la fois, regardez-la ; regardez cette lèvre supérieure, arquée comme celle d'Alceste, cette lèvre inférieure déjà lasse et froncée comme celle d'Arnolphe. Tout cela est vivant.

C'est bien ainsi qu'on pouvait imaginer l'auteur de *Don Juan* et du *Misanthrope*.

On peut cependant reprocher à ce portrait de nous rendre *le comédien* et non *l'homme* ; dans une étude spéciale et fort étudiée de M. Henri Lavoix sur les *Portraits de Molière*[1], le critique passe en revue ceux des portraits de Molière qui peignent plus nettement sa physionomie personnelle. Le portrait de Molière debout, dans son costume de l'*École des femmes*, nous rend, par exemple encore, le comédien jouant ses propres pièces. Il est détaché d'un cadre où figurent, à côté du grand comique, des bouffons à la mode : Turlupin, Gaultier-Garguille, Jodelet, Guillot-Gorju et d'autres. Une inscription court le long de la peinture et dit : *Farceurs français et italiens depuis soixante ans et plus, peints en 1670*.

---

1. *Gazette des Beaux-Arts*, n° du 1ᵉʳ mars 1872.

Étrange promiscuité qui place ainsi un tel homme à côté d'un *farceur* plus ou moins illustre, le Matamore ou Tabarin !

Un autre portrait de Molière, plus intéressant parce qu'il est plus intime, est le portrait, aujourd'hui perdu, que peignit Mignard et que grava Nolin en 1685. Celui-là est vraiment une page d'histoire et, pour la critique littéraire, il est, psychologiquement, d'une utilité évidente. C'est *Molière chez lui* qu'il nous représente, Molière assis, la plume d'une main, un livre de l'autre, et songeant ou plutôt écrivant. Une robe de chambre à longs plis, boutonnée aux manches et ourlée d'une manchette en dentelle, enveloppe Molière assis dans une chaise de cuir à dos carré. La vaste coiffure du temps de Louis XIV couvre le front pensif et ridé du poëte. Molière a, dès longtemps, sur cette peinture, dépassé la quarantaine. Le chagrin a creusé et miné ces traits mâles et bons. Un sourire ou plutôt un rictus d'une mélancolie apaisée relève ces lèvres honnêtes que surmonte en les estompant une petite moustache. Ce Molière calme, grave, laborieux, souffrant, c'est bien là le Molière que nous nous imaginons, étudiant les hommes sans les haïr, combattant le mal avec courage, célébrant le bien avec amour, sage conseiller, ami dévoué, époux incompris, se consolant avec ses réflexions intimes de ses dures épreuves publiques et vivant non pas heureux, mais silencieux, dans son logis meublé richement d'objets dus à son seul travail.

M. Eudore Soulié, dans son livre absolument étonnant et définitif, *Recherches sur Molière*, a publié l'inventaire de la maison de Molière. On a inventorié, en effet, après la mort du poëte, tout ce qui lui appartint dans cette maison où il rendit le dernier soupir, après la quatrième représentation du *Malade imaginaire*. On a décrit, dans le style judiciaire de pareils actes, les meubles en bois doré « à pieds d'aiglon feints de bronze » et recouverts d'étoffe verte ou aurore, le lit surmonté d'un dôme peint de « couleur d'azur », les guéridons, les tapisseries de Flandre et d'Auvergne, le linge en toile de Hollande, les serviettes de table en toile damassée, les tableaux, les miroirs, tout ce que l'auteur d'*Élomire hypocondre* reprochait avec tant d'envie à Molière :

> Ces meubles précieux, sous de si beaux lambris,
> Ces lustres éclatants, ces cabinets de prix,
> Ces miroirs, ces tableaux, cette tapisserie,
> Qui seule épuise l'art de la Savonnerie.

Le portrait de Mignard nous rend non pas l'intérieur luxueux que voici, mais un intérieur de bourgeois opulent du xviie siècle, entouré d'un bien-être solide et qui dépasse de beaucoup l'*aurea mediocritas*. L'horloge qui orne le fond du tableau a peut-être marqué l'heure où Molière acheva quelqu'un de ses chefs-d'œuvre.

Le véritable cadre de ce portrait, ce sont les

documents que M. Eudore Soulié a réunis, et qui nous font connaître la bibliothèque de Molière, cette bibliothèque petite mais choisie, où, chose étrange, Plaute, Rabelais, les bouffons italiens ne figurent pas, mais où l'on rencontre la Bible, Plutarque, des grecs et des latins, Balzac, Montaigne, un traité de philosophie, des livres d'histoire et des voyages. Bibliothèque de penseur et non de dramaturge. Molière était l'homme d'un seul livre, cet *homo unius libri* que redoutait Jules César, mais ce livre était la vie humaine. Après la bibliothèque, M. Soulié nous montre le lit, la grande chaise de repos à crémaillère, le coffre-fort, la table basse, le paravent. Placez le portrait de Molière dans un tel milieu, et vous aurez Molière vivant, *redivivus*.

M. P. Lacroix attribue à Le Brun une peinture, conservée jadis à l'Hôtel de ville et brûlée aujourd'hui, qui représente le *Triomphe de Molière*. Molière est couché et vêtu à la romaine, couronne au front. Le regard est brûlant, le visage singulièrement vivant et beau. La photographie nous a heureusement conservé cette peinture, reproduite aujourd'hui par la gravure.

Un portrait de Molière, fort curieux, est aussi celui qui figure en tête de la première édition d'*Élomire hypocondre*. Mais, à vrai dire, ce n'est là qu'une caricature.

Nous avons déjà parlé des portraits contenus dans le livre de M. Soleirol, *Molière et sa Troupe*

(1858); il faut signaler aussi tout particulièrement le recueil de M. Frédéric Hillemacher, *Galerie historique des portraits des comédiens de la troupe de Molière* (2ᵉ édit., 1859. Lyon, Scheuring). Ces documents gravés et imprimés sont indispensables pour tout *moliérophile* [1].

C'est peut-être ici et maintenant qu'il convient de rechercher, pour compléter le portrait, les épitaphes louangeuses ou malignes auxquelles donna lieu la mort de Molière. La Fontaine en composa une demeurée célèbre :

Sous ce tombeau gisent Plaute et Térence...

La Bruyère, de son côté, s'écriait, en parlant de Térence et de Molière : « Quel homme on aurait pu faire de ces deux comiques ! » Peut-être croyait-il être indulgent ; il était injuste. Ménage, Mézeray, rimèrent des épitaphes glorieuses. Le P. Bouhours, jésuite, appela Molière *l'ornement du théâtre*, le salua comme un *incomparable*

---

[1]. M. P. Lacroix, si érudit en tout ce qui concerne Molière, a publié sur Molière le plus curieux des livres, c'est la *Bibliographie Moliéresque,* contenant : 1º la description de toutes les éditions des œuvres et des pièces de Molière ; 2º les imitations et traductions desdites pièces ; 3º les ballets, fêtes de cour, poésies de Molière, etc.; 4º l'indication des ouvrages en tout genre concernant Molière, sa troupe et son théâtre, avec *notes et commentaires,* par le bibliophile Jacob (P. Lacroix). Turin, chez J. Gay et fils, 1872. — Tiré à 204 exemplaires.

acteur. Huet, l'évêque d'Avranches, composa une épitaphe en latin :

Plaudebat Moleri, etc.

Il y eut, dans quelques sociétés littéraires, des discours prononcés, et le *Mercure galant* [1] nous a conservé le texte de l'oraison funèbre que *Cléante* (c'était sans doute de Visé) composa en l'honneur de Molière. C'est là qu'on peut juger de la tournure d'esprit qu'avaient alors certaines réunions de gens instruits, et le ton cependant ému de la harangue ne laisse pas que de laisser filtrer la plaisanterie à la mode et le bel esprit. Il paraîtra, je pense, intéressant de connaître ces morceaux, qui sont demeurés enfouis jusqu'aujourd'hui dans le *Mercure galant* de 1673.

Voici d'abord comment le *Mercure* annonce la mort de Molière :

« ... Toute la compagnie en demeura d'accord, et se préparoit à parler d'autre chose, lorsqu'un homme qui avoit accoustumé de venir dans cette ruelle parla de la mort de Molière dont on s'estoit déjà entretenu quelques jours auparavant. Il estoit illustre de plusieurs manières, et sa réputation peut égaler celle du fameux *Roscius*, ce grand comédien si renommé dans l'antiquité et qui mérita du Prince des Orateurs cette belle harangue qu'il récita dans le sénat pour ses intérests. Le regret

---

[1]. Tome IV, p. 266 et suiv.

que le plus grand des rois a fait paroistre de sa mort est une marque incontestable de son mérite. Il avoit trouvé l'art de faire voir les défauts de tout le monde, sans qu'on s'en pust offenser, et les peignoit au naturel dans les comédies qu'il composoit encore avec plus de succez qu'il ne les récitoit, quoy qu'il excelast dans l'un et dans l'autre. C'est luy qui a remis le comique dans son premier éclat ; et depuis Térence personne n'avoit pu légitimement prétendre à cet avantage. Il a le premier inventé la manière de mêler des Scènes de Musique et des Balets dans les Comédies, et il avoit trouvé par là un nouveau secret de plaire, qui avoit esté jusqu'alors inconnu et qui a donné lieu en France à ces fameux Opéra qui font aujourd'hui tant de bruit, et dont la magnificence des spectacles n'empesche pas qu'on ne le regrette tous les jours. J'eus à peine achevé de parler du mérite de cet autheur, qu'une Personne de la Compagnie tira quelques pièces de vers qui regardoient cet illustre défunt. Plusieurs en lurent haut, et les autres bas. Voicy ce qui fut entendu de toute la compagnie. »

Viennent ensuite les pièces de vers composées sur la mort de Molière. Celle de La Fontaine s'y trouve, puis d'autres encore, mais nous n'en citerons que deux :

Si dans son art c'est estre un ouvrier parfait,
Que sçavoir trait pour trait

Imiter la nature,
Molière doit passer pour tel ;
Michel-Ange, Lebrun et toute la peinture
Comme luy n'ont sçeu faire un mort au naturel.

———

Pluton voulant donner aux Gens de l'autre vie
Le plaisir de la Comédie,
Ayant pour faire un choix longtemps délibéré,
Ne trouva rien plus à leur gré,
Que le *Malade Imaginaire*;
Mais comme par malheur il manquoit un acteur,
L'un d'entr'eux dit tout haut qu'on ne pouvoit mieux faire,
Que d'envoyer querir l'Autheur.

Dans une autre épitaphe, il est question de

L'inutilité du sçavoir
De ceux qui font la médecine
Et qui n'ont pu sauver Molière.

« Ces vers, ajoute le *Mercure galant*, donnèrent occasion de parler de la medeciné ; quelques-uns se declarerent contre, et plusieurs prirent son party. Un de ceux qui la defendit avec le plus de chaleur tint ce discours en parlant de Moliere : S'il avoit eu le temps d'estre malade, il ne seroit pas mort sans medecin. Il n'estoit pas convaincu luy-mesme de tout ce qu'il disoit contre les medecins, et pour en avoir fait rire ses auditeurs, il ne les a pas persuadez [1]. »

Mais le morceau le plus intéressant du *Mercure*,

1. Tome IV.

c'est à coup sûr l'oraison funèbre que nous allons reproduire :

« *Cléante* m'estant venu voir le lendemain que Moliere mourut, nous témoignâmes le regret que nous avions de sa perte. Il me dit qu'il avoit envie de faire son oraison funebre ; je me moquay de luy. Il me dit qu'il la feroit et qu'il la réciteroit mesme devant ceux que je voudrois. J'en demeuray d'accord, et luy dis que j'avois fait faire une Chaise, parce que Moliere devoit venir jouer le *Malade Imaginaire* chez moy, et qu'elle luy serviroit. Il m'a tenu parole et nous allons voir s'il s'acquittera bien de ce qu'il m'a promis. Comme *Cléante* estoit un homme fort enjoué et qui divertissoit fort les compagnies où il estoit, ils passerent tous avec empressement dans la salle où on les attendoit : elle estoit toute tendue de deuil et remplie d'écussons aux armes du defunt. *Cléante* n'eust pas plutost appris que toute la compagnie avoit pris place, qu'ayant pris une robe noire, il monta en chaise avec un sérieux qui fit rire toute l'assemblée. Il commença de la sorte :

ORAISON FUNEBRE DE MOLIERE.

« *Ma femme est morte, je la pleure ; si elle vivoit, nous nous querellerions* (acte premier de l'*Amour medecin*, de l'Autheur dont nous pleurons aujourd'huy la perte). Quoiqu'il semble que ces paroles ne conviennent pas au sujet qui m'a fait monter dans cette chaise, il faut pourtant qu'elles y servent : je sçaurai les y accomoder, et je süivray en cela l'exemple de bien d'autres. Répétons-les donc encor une fois, ces paroles, pour les appliquer au sujet que nous traitons : *Ma femme est morte, je la pleure ; si elle vivoit, nous nous querellerions.* Moliere est mort, plusieurs le pleurent, et, s'il vivoit, ils luy porteroient envie. Il est mort, ce Grand Réformateur de tout le genre humain, ce Peintre des Mœurs, cet Introducteur des Plaisirs, des Ris et des Jeux, ce Frondeur des vices, ce redoutable Fléau de tous les turlupins ; et pour tout renfermer en un seul mot, ce Mome de la terre qui a si souvent diverty les dieux. Je ne puis songer à ce trépas, sans faire éclater mes sanglots. Je sçay bien toutefois que vous attendez autre chose de moy que des soupirs et des larmes, mais le moyen de s'empêcher d'en répandre un torrent ! Que dis-je un torrent ! Ce n'est pas assez. Il en faut verser un fleuve. Que dis-je un fleuve ! Ce seroit trop peu, et nos larmes devroient produire une autre mer.

« ... Il faut passer à la division des parties de cet Éloge, dont le pauvre defunt ne me remerciera pas ; mais, avant d'entrer dans cette division, faisons une pose utile à nos santez, toussons, crachons et nous mouchons harmonieusement. Il faut quelquefois reprendre haleine, c'est ce qui nous fait vivre. »

Cléante s'occupe alors de Molière auteur, puis de Molière acteur, et ici encore nous trouvons des traits intéressants pour sa biographie :

« Non-seulement, il jouoit bien la comédie, mais encore il sçavoit bien la faire jouer. »

« Si l'art qui approche le plus de la nature est le plus estimé, ne devons-nous pas admirer les ouvrages du defunt ? »

« Il n'estoit pas seulement un habile poëte, mais encore un grand philosophe. »

« Il a joué les Jeunes, les Vieux, les Sains, les Malades, les Cocus, les Jaloux, les Marquis, les Villageois, les Hypocrites, les Imposteurs, les Campagnards, les Précieuses, les Fâcheux, les Avocats, les Ignorants, les Procureurs, les Misantropes, les Medecins, les Apotiquaires, les Chirurgiens, les Avares, les Bourgeois qui affectent d'estre de qualité, les Philosophes, les Autheurs, les Provinciaux, les faux Braves, les grands Diseurs de rien, les Gens qui n'aiment qu'à contredire, les Coquettes, les Joueurs, les Donneurs d'avis, les Uzuriers, les Sergens, les Archers et tous les Impertinens enfin de tous sens, de tout âge et de toute condition. Que tous ces noms m'ont alteré ! Je n'en puis plus, et si je ne buvois à vostre santé, je ne pourrois pas achever ce que j'ay entrepris.

« En faisant voir des portraits de l'avarice, il a fait honte aux avares, et leur a inspiré de la libéralité.

« En rendant ridicules ceux qui renchérissoient

sur les modes, il les a rendues plus sages. Ah! combien de cocus a-t-il empeschés de prendre leurs gants et leur manteau en voyant entrer chez eux les galants de leurs femmes? Combien a-t-il fait changer de langages précieux, aboly de turlupinades? Combien-a-t-il redressé de marquis à gros dos? Combien a-t-il épargné de sang à toute la France, en faisant voir l'inutilité des fréquentes saignées?

« Enfin, ajoute *Cléante,* toute la France lui est obligée de l'avoir tant fait rire. »

Voilà pour l'auteur. Voici pour l'acteur :

« Il estoit tout comédien depuis les pieds jusqu'à la teste ; il sembloit qu'il eut plusieurs voix, tout parloit en luy ; et d'un pas, d'un sourire, d'un clein d'œil et d'un remuement de teste il faisoit plus concevoir de choses que le plus grand parleur n'auroit pu dire en une heure. »

« Il faisoit jouer jusques aux enfans. On voit par là que ce n'est pas sans raison qu'il disoit qu'il feroit jouer jusques à des Fagots. »

A ce moment, dans la salle où *Cléante* prononçait son oraison, salle tendue de noir et ornée, on l'a vu, d'écussons aux armes du défunt, et parsemée de *miroirs* pour indiquer qu'il voyait tout, de *singes,* parce qu'il contrefaisait tout et de *masques,* parce qu'il démasquait tout, « deux marionnettes, dit le *Mercure,* paroissent aux deux coins de la chaise où est placé *Cléante.* » C'est Momus et Molière, et le dialogue suivant s'établit entre eux.

MOMUS.

« Que nous sommes obligés à la Mort, de nous avoir envoyé l'Illustre Moliere dont le nom fait tant de bruit par tout le Monde!

MOLIERE.

« Vous voyez, cher Momus, je viens voir les Dieux et j'ay voulu jouer la Mort, afin qu'elle me prit, croyant se venger, et je l'ay trompée par ce stratageme.

MOMUS.

« Vous ne me dites pas tout; vous vous entendez avec la Mort et vous venez voir les défauts des Dieux pour en aller divertir les Mortels.

MOLIERE.

« Non, Momus, je ne puis plus retourner au monde.

MOMUS.

« J'en suis faché, car les dieux ne m'estimeront plus et vous les divertirez mieux que moy.

MOLIERE.

« J'espere les bien divertir.

MOMUS.

« Il faut du temps pour les bien connoistre.

MOLIERE.

« Pas tant que vous pensez.

MOMUS.

« C'est assez, vous pouriez vous échaper. Loin de

vous quereller allez songer à vous unir, pour bien divertir les dieux. »

La péroraison de cette *oraison funèbre* est pleine de la pompe du temps : c'est du Bossuet excentrique :

« Ah! remplissons toutes ces urnes avec l'eau de nos pleurs. Il nous en a fait répandre de joye, versons-en de douleur auprès de son tombeau; honorons-le de toutes manieres. Riches, faites faire des statues à sa gloire. Beaux esprits, apportez des ouvrages qui ne chantent que ses louanges. Et vous, peuples, donnez-luy des larmes, si vous ne les pouvez accompagner d'autre chose. Il est mort, ce grand homme, mais il est mort trop tost pour luy, trop tost pour les siens, trop tost pour ses camarades, trop tost pour les grands divertissements de son Prince, trop tost pour les Libraires, Musiciens, Danceurs et Peintres, et trop tost enfin pour toute la Terre. Il est mort, et nous vivons; cependant il vivra après nous; il vivra toujours et nous mourrons; c'est le destin des grands hommes. »

« Cette oraison funebre, ajoute le *Mercure galant,* fut à peine achevée que chacun se leva et donna mille louanges à *Cléante,* qui tourna luy mesme en plaisanterie ce qu'il venoit de faire. Comme il estoit desjà très tard, chacun se retira bientot après. »

On a pu juger par cette oraison fort originale, étrange même — et réimprimée ici pour la première fois, — du bruit qu'avait fait, en mourant, le comédien et l'auteur de génie, que quelques envieux avaient osé déclarer inférieur à Scaramouche, son maître.

L'heure se fit attendre où Molière devait être loué, non pas seulement sur ce ton hyperbolique, demi-sérieux, demi-badin, par un bel esprit qui l'aimait à moitié, mais encore par le pays, par l'Académie, par la nation tout entière. « Je cherche dans Paris les statues de Corneille et de Molière, s'écriait Saint-Foix[1]. Où sont-elles? Où sont leurs mausolées? »

En 1778, l'Académie française avait fait placer chez elle le buste de Molière et Saurin avait écrit ce vers :

Rien ne manque à sa gloire, il manquait à la nôtre !

En 1792, le 6 juillet, les administrateurs d'une section du quartier Montmartre firent déterrer le cercueil de Molière. La pierre tumulaire qu'Armande Béjart avait fait placer au cimetière Saint-Joseph fut transportée, par les soins d'Alexandre Lenoir, au Musée des Petits-Augustins, et on éleva un mausolée à Molière, au cimetière du Père-Lachaise, côte à côte avec La Fontaine. Plus tard on plaça l'image de Molière, rue de Richelieu, près de la maison où il rendit le dernier soupir.

1. *Essais sur Paris*, tome III.

On n'est pas très-certain cependant que ce soient bien les dépouilles de Molière qu'on ait transportées au Père-Lachaise et il est prouvé que certaine mâchoire conservée au Musée de Cluny sous cette étiquette « mâchoire de Molière » provient d'un autre crâne que le sien [1].

Sans doute, les dépouilles de Molière sont enfouies dans le vaste ossuaire des catacombes, parmi ces générations accumulées de Parisiens qui forment comme la poussière d'un passé sur lequel vit, s'agite, va, vient et palpite la grande ville toute pleine encore du génie, de la pensée et du rire de ce Mort.

---

[1]. Cailhava portait, enchâssée dans une bague, une dent de Molière.

VIII

CONCLUSION.

« Prétendre à dire du nouveau à propos de Molière serait chose dangereuse, écrit M. Paul Albert dans son livre sur la *Littérature française au XVIIe siècle*; tout a été dit et redit. » Sans doute, et aussi bien n'avons-nous eu, en réunissant ces quelques chapitres, d'autre prétention que de témoigner d'une admiration personnelle pour un tel génie. Je sais trop ce que valent les études, définitives sur certains points, des Taschereau, des Bazin, des Soleirol, des Soulié, des Ed. Fournier, des Thierry, des P. Lacroix, des A. Jal, pour attribuer à ce travail autre chose qu'une valeur de critique particulière. Mais je pense aussi qu'il faut entretenir dans les lettres le culte de ces gloires passées et l'habitude de les étudier. C'est une tâche à laquelle manquerait volontiers la génération à laquelle j'appartiens. Il s'est trouvé parmi elle des fous pour affirmer que, pour inventer, il fallait nier le passé. Peut-être est-il temps qu'il s'en rencontre pour dire et répéter que le présent et l'avenir sont fils « de ce qui fut » et que c'est à nos grands hommes d'hier qu'il faut demander de forger, d'inspirer, de créer les hommes de demain.

Je tiens d'ailleurs à le répéter en achevant ces rapides études sur un des hommes que notre pays doit le plus admirer : — l'heure est venue où la France, condamnée à répudier pour un moment la force, ou du moins à la chercher dans les triomphes intellectuels, doit puiser dans ces souvenirs de gloire littéraire une nouvelle conscience de sa valeur, de sa puissance morale, de son rôle, et une espérance nouvelle dans son avenir. Pendant bien longtemps désormais la patrie réservera ses louanges et ses couronnes aux hommes qui se sont imposés au monde autrement que par la violence et la désolation; elle est assez lasse et assez punie d'avoir rendu hommage aux conquérants et aux dominateurs; maintenant elle se tourne vers ceux qui ont mérité son affection par le seul rayonnement de leur esprit et la seule contrainte de leur génie.

Parmi ceux-là, nul, à coup sûr, n'est plus grand que Molière. Il est, il faut le redire à la fin de ce livre, l'incarnation même de l'esprit de notre France. Il en a la franchise, la verve, la bonté, le rire clair, la netteté de pensée et de langage; il descend en droite ligne de ces écrivains sans alliage qui gardent dans leurs veines le sang même de notre vieille Gaule, les Rabelais, les Montaigne, les anciens conteurs des temps passés. Il est, dirait-on, un peu cousin de La Fontaine et le Parisien donne la main au Champenois devant la postérité. Mais Molière (et c'est là sa grandeur suprême) est non-seulement français, étroitement, purement français, par son horreur de toute hypocrisie, son amour de la vérité, de la netteté absolue dans les actions et dans les paroles, dans la vie et dans le style ; Molière est en outre profondément humain. Il est de toutes les époques et de tous les pays. Il a sondé d'une main ferme la plaie éternelle de l'homme, il a démasqué le vice avec courage, et ce ne serait pas, à proprement parler, une nation qui devrait s'enorgueillir d'avoir produit un tel génie, c'est le genre humain. Seulement, le malheur nous a appris à nous serrer avec tant de soin contre la France, notre mère, que nous ne songeons plus maintenant (et nous faisons bien) à donner à Molière d'autre nom que ce nom seul de Français, d'autant plus aimé qu'il est plus battu du sort.

C'est donc le deux centième anniversaire de la mort d'un Français qu'aurait dû célébrer la France, le 17 février 1873. Et quelle distance, quelle antithèse entre ces deux dates : 17 février 1673 — 17 février 1873 ! Pour Molière, la postérité tout entière tient dans ces deux siècles. La réparation des injustices dont il fut abreuvé, l'acclamation du plus grand nombre qui lui manqua souvent, la reconnaissance d'un pays qu'il illumina de sa gloire personnelle, tout cela est compris entre ces deux chiffres. Lorsque Molière mourut, le cadavre du mort ne put, nous l'avons vu, pénétrer dans l'église où l'on avait apporté Molière enfant. A peine laissa-t-on enfouir dans un coin du cimetière de la paroisse Saint-Eustache le corps de celui qui avait écrit *Tartuffe* et le *Misanthrope*. Quelle fin attristante et quelles piteuses funérailles alors! Mais quelle apothéose aujourd'hui!

Aujourd'hui, celui qui mourait, dévoré de chagrins intimes en même temps que rongé par la maladie, l'homme dont l'humeur songeuse, contemplative, avait été calomniée par des adversaires indignes, Molière « l'hypocondre », est enfin entré de plain-pied dans l'immortalité et domine de toute la hauteur de son front ce grand siècle si rempli de pompes, de fumées, de victoires et de fêtes, et qu'il traversa, l'œil fixé sur la foule parée qui le coudoyait sans toujours le respecter et qui l'applaudissait sans toujours le comprendre.

Pauvre grand homme, à présent vengé de tant d'injustices, lavé de tant d'accusations, définitivement assis dans ce monde indiscutable de l'éternelle gloire! Il revit dans les peintures d'autrefois, dans les apothéoses d'aujourd'hui, sur la toile ou dans le marbre, mais surtout il réapparaît tout entier, à jamais vivant, jeune, entraînant, soulevant le rire, excitant la réflexion, nous apprenant à aimer la vie sans en être dupes; il réapparaît tel qu'autrefois dans ses œuvres qui n'ont point vieilli, depuis cet éclat de gaieté à l'italienne, fusée d'esprit jetée au vent sicilien qui s'appelle l'*Étourdi,* jusqu'à ce rictus douloureux qui se nomme le *Malade imaginaire.* Que de personnages s'agitent entre ces deux pièces, tous si vivants qu'on les connaît mieux que des personnages de chair et d'os ! Alceste, l'éternel songeur, Philinte, l'éternel satisfait, Sganarelle qui se lamente, George Dandin qui pleure, Pourceaugnac qu'on exploite, Vadius qui se rengorge, Trissotin qui se pavane, Tartuffe qui ploie l'échine, Orgon qui croit, Argan qui doute, Harpagon qui thésaurise, Célimène la cruelle, Agnès la rusée, Scapin le drôle étourdissant, et Mascarille, et Dorine, et madame Pernelle, et Sosie, et maître Jacques, et Arnolphe, et Don Juan, et Diafoirus, et Bélise, et Armande, hommes, femmes, précieux et précieuses, petits marquis et grandes coquettes, fripons et honnêtes gens, malades et médecins, philosophes de hasard et savants de pacotille, bref un monde entier, tout un monde de types, de caractères, palpite, pour ainsi dire, depuis deux siècles et vit à côté du monde réel. Or ce monde, c'est Molière qui l'a créé. Ces personnages sont les fils de son génie. Il les a animés de sa flamme, de son verbe, de sa foi. Et, au-dessus de leurs passions et de leurs vices, de leurs faiblesses et de leurs vertus, il semble qu'il ait proclamé avant tout cette vérité suprême : *N'aimez que le vrai, le simple, le bon, la clarté et le bon sens, tout ce qui fait la force et la vertu de notre vieille humeur française !*

Aussi la France aime-t-elle profondément ce génie né de ses entrailles, et sera-t-elle éternellement vraie, cette parole de Sainte-Beuve, éloquent et définitif hommage rendu au poëte : *Tout homme de plus qui sait lire chez nous est un lecteur pour Molière.*

Sans doute on pourra reprocher à Molière de n'avoir pas, comme Shakspeare, je ne sais quelle vaste ouverture d'idées qui laisse deviner un univers, un entassement formidable de pensées, de combinaisons, de trouvailles et de poésie. Vainement chercherait-on dans son œuvre une figure de la taille d'Hamlet, une vision de la valeur de la *Tempête*, une histoire d'amour du charme de *Roméo et Juliette*, un drame aussi poignant qu'*Antoine et Cléopâtre*. Sa parole, nette et vivante, n'a jamais les profondeurs immenses du *Monologue* inoubliable. Son imagination n'a pas cet imprévu, cet inouï, cette éblouissante lumière ; le microcosme qu'il étudie est plus borné que celui de cet infini Shakspeare. Mais si le véritable génie consiste dans la pondération absolue, dans le bon sens uni à la puissance, dans le *rien de trop*, qui est en somme le but suprême de l'art, Molière, comme Cervantes, est l'égal de Shakspeare. Les femmes de Molière n'ont pas le charme en quelque sorte surnaturel, la diaphanéité, les ailes des héroïnes de Shakspeare, mais ce sont vraiment des femmes, vivantes, aimantes, mères, sœurs et filles. Elles vivent non de la vie du rêve, mais de la vie de l'humanité. Et ce mot seul, *l'humanité*, que Molière mit dans la bouche de son *Don Juan*, ne dénote-t-il point le penseur, le précurseur, *l'homme des temps à venir*, et ne caractérise-t-il pas ce génie purement humain? De pareils traits d'ailleurs, qui ouvrent de telles perspectives, ne sont pas rares dans son œuvre, et pour n'en citer qu'un, le monde moderne, épris d'égalité, ne doit-il pas regarder comme un des siens le poëte qui, en plein xviie siècle, s'est vaillamment écrié :

La naissance n'est rien où la vertu n'est pas?

L'auteur du *Vieux Cordelier*, Camille Desmoulins, n'a pas craint d'écrire un jour que Molière a peint dans le *Misanthrope* un portrait de républicain, Alceste. Camille ajoute que Philinte n'est qu'un *feuillant*. Toujours est-il que l'âme haute de Molière était aussi lasse que le bilieux et superbe Saint-Simon, ou que le vigoureux La Bruyère, des intrigues et des bassesses de la cour. « Vous me félicitez du *Tartuffe*, disait-il à ses amis, que direz-vous donc quand vous aurez entendu mon *Homme de cour*? » L'œuvre ne fut pas achevée, et elle est malheureusement perdue, mais l'esprit indépendant, ennemi de toute tyrannie, de Molière, est épars dans le théâtre entier de ce grand homme.

Au reste, et encore un coup, Molière est le représentant le plus élevé de l'esprit français, avec ses étroitesses, mais ses honnêtetés, avec sa haine du précieux, du boursouflé, de l'obscur, et sa soif de clarté, son avidité de lumière. Voilà bien pourquoi nous l'aimons, et ce serait peu de l'aimer, voilà pourquoi nous le préférons. Nous avons trop négligé, depuis cinquante ans, le culte de la tradition nationale en littérature. Le romantisme, — à qui nous devons, ce qui l'absout, des merveilles de poésie lyrique, — le romantisme qui nous ouvrit, il faut le reconnaître, des mondes nouveaux, nous y retint malheureusement prisonniers. On pouvait fort bien étudier les littératures étrangères sans leur sacrifier notre propre tempérament. C'est ce qu'un éminent critique, M. Philarète Chasles, a su faire. Mais imiter, mais vêtir à l'allemande, à l'espagnole ou à l'italienne la pensée française, c'était une autre espèce d'apostasie. Les poëtes ont trop souvent quitté la braie gauloise pour le pourpoint castillan ; nous avons assisté à une sorte de travestissement douloureux. A ce jeu, une nation perdrait, en moins de cent ans, son originalité et son génie. Le pauvre Alfred de Musset l'avait bien senti, lui qui réagit si bravement, en enfant terrible, au nom du génie français, contre les exagérations exotiques.

Revenons donc, revenons en hâte aux vrais fils des Gaules, à Rabelais, le bon sens *sublimé*, à Montaigne, cet Athénien gascon, à La Fontaine, le plus admirable des conteurs et des peintres, à Corneille, qui retrouve l'accent français jusque dans le Forum romain, à tous ceux qui ont dans les veines, dans le cœur, dans la voix cet accent particulier qui rendit à la fois redoutable et éclatant comme l'acier sans tache l'esprit français, cet esprit alerte et militant, armé à la légère, et brillant comme une guêpe dans un rayon de soleil. Le xviie siècle avait donné à cet esprit la noblesse, le xviiie siècle lui donna la puissance. Voltaire, Diderot, Beaumarchais sont de la race élue qui est la nôtre. C'est à eux aussi qu'il faut demander le secret de cette régénération intellectuelle et matérielle si ardemment poursuivie.

La France, pareille à Antée, n'a qu'à toucher son sol pour retrouver de nouvelles forces, ou plutôt elle ressemble à une convalescente à qui la source pure du pays natal rendrait enfin la santé ; — et cette source non tarie, c'est la source claire, limpide, savoureuse, où puisa Molière, c'est l'impérissable esprit français, qui avait fait de notre patrie le « soldat de Dieu », disait Shakspeare, et nous ajouterons avec Molière « le soldat de l'humanité. »

APPENDICE.

I

LA TROUPE DE MOLIÈRE.

PRÈS avoir parlé de Molière, il est juste de parler un peu de ses collaborateurs, j'entends des comédiens qui partagèrent avec lui les fatigues des premières années de luttes et les succès des années de gloire. Les ouvrages excellents de MM. Bazin, Soleirol, Hillemacher, fournissent sur les acteurs de la troupe de Molière des détails intéressants et bons à retenir. M. Ch. Louandre, dans l'édition qu'il a donnée des œuvres de Molière (Bibliothèque-Charpentier), a consacré une longue note à la troupe du grand comique. Mais c'est surtout au volume (avec figures) de M. F. Hillemacher qu'il faut demander des renseignements en un tel sujet[1].

---

1. *Galerie historique des portraits des comédiens de la troupe de Molière* (Lyon, Nicolas Scheuring, in-8. 1869, 2ᵉ édit.).

Lorsque Molière parcourait la province, sa troupe, qu'il est bien difficile de reconstituer pour cette époque de débuts, comprenait, d'après Grimarest, les deux frères Jacques et Louis Béjart, Madeleine Béjart, femme entendue et véritable *directrice,* qui remaniait parfois les pièces selon les nécessités de la mise en scène, Du Parc, dit *Gros-René,* et la Du Parc, la de Brie et son mari, en outre le fameux pâtissier-poëte de la rue Saint-Honoré, François Ragueneau, que d'Assoucy a raillé comme faiseur de petits pâtés et moucheur de chandelles. On a trouvé encore, à la vente des livres de M. Soleirol, une liste de la *distribution des rôles* de la tragédie d'*Andromède* (de Corneille), liste écrite de la main même de Molière et qui avait appartenu à Pont de Vesle. Cette liste nous apprend que Du Parc, de Brie, l'Éguisé, Béjart, de Vaucelles, Dufresne, Molière, Chasteauneuf et l'Estang, puis Mlles Béjart, de Brie, Hervé, Menou, Magdelon et Vaucelles, faisaient, vers 1650, partie de la troupe ambulante de Molière.

Mais, pour nous en tenir à ce qu'on pourrait appeler la troupe *fixe* de Molière, la troupe du Palais-Royal, nous allons donner rapidement quelques détails sur les comédiens et les comédiennes qui en firent partie.

BÉJART (Joseph), l'aîné (1645-1659), le frère aîné des sœurs Béjart. — Joua avec Molière et Du Parc au Jeu de Paume de la Croix-Blanche, sur l'*Illustre-Théâtre*. Joseph Béjart était bègue. Il joua le rôle de Pandolfe dans l'*Estourdy*.

Béjart (Louis), le cadet, dit *l'Éguisé* (1645-1678). — Dans le tragique, il jouait les troisièmes rôles, dans le comique les pères et les seconds valets. Il joua la Flèche dans l'*Avare*, Oronte dans *M. de Pourceaugnac*, et, chose plus singulière pour nous, mais toute naturelle alors, Madame Pernelle dans *Tartuffe*. Comme son frère était bègue, Louis Béjart était boiteux. Il avait reçu un coup d'épée en séparant deux de ses amis qui se battaient en duel sur la place du Palais-Royal.

Du Fresne (Ch.) (1645-1680). — Comédien de l'*Illustre-Théâtre* et peintre du roi. On le trouve à Lyon, à Narbonne, à Toulouse, avec la troupe de Molière.

Du Parc (René Berthelot), dit *Gros-René* (1645-1665). — Un des fondateurs de l'*Illustre-Théâtre*, fils de bonne bourgeoisie entraîné par le goût de la comédie. Jouait *Gros-René* dans le *Dépit amoureux* et dans *Sganarelle*.

De Brie (Edme Villequin ou Wilquin) (1653-1676). — Créa, entre autres choses, M. Loyal dans *Tartuffe*, le maistre d'armes dans le *Bourgeois gentilhomme* et Diafoirus père dans le *Malade imaginaire*.

Brécourt (Guillaume Marcoureau, sieur de). — Comédien excellent, auteur médiocre; Louis XIV disait de lui : « Cet homme-là ferait rire des pierres ! » Brave et excellent, il écrivit l'*Ombre de*

Molière, imprimée à la suite des œuvres du maître. Il joua Jodelet des *Précieuses ridicules*, Alain de l'*École des femmes*, Pancrace du *Mariage forcé*.

LA GRANGE (Charles Varlet, sieur de), né à Amiens, mort en 1692. — Intelligent acteur qui devait, avec un ami de Molière, Vinot, donner au public la première édition des *Œuvres de Molière* (Paris, Thierry, 1682). — Représenta nombre de personnages dans les comédies de Molière, entre autres Valère dans l'*Escole des maris,* Don Juan dans *Don Juan,* Valère dans *Tartuffe*. Fort honnête homme et très-estimé. La publication de son *Registre* depuis si longtemps annoncée par M. Éd. Thierry sera un événement véritable.

DU CROISY (Philibert Gassot, sieur), gentilhomme beauceron et comédien excellent. — Il eut l'honneur de créer le personnage de Tartuffe. Quitta le théâtre en 1689 et mourut en 1695; son ami, le curé de Conflans-Sainte-Honorine, près de Paris, n'eut pas le courage de l'enterrer; il pria un confrère de le faire à sa place.

JODELET (Julien Bedeau, dit). — Un des meilleurs comédiens du XVIIe siècle, un vrai bouffon, appartint à la troupe du *Marais* et de l'*Hôtel de Bourgogne;* Scarron le goûtait fort; il ne joua qu'un seul rôle dans les comédies de Molière, le rôle du vicomte de Jodelet dans les *Précieuses ridicules,* rôle que reprit Brécourt. Consulter sur Jodelet les *Historiettes* de Talfemant des Réaux et la *Gazette de Loret*.

> Hormis qu'il parlait mieux du nez...
> Il fut un comique agréable.

L'Espy (Bedeau, sieur de), frère de Jodelet, quitta la troupe du Marais pour entrer, en 1659, dans la troupe de Molière. Joua *Gorgibus* dans les *Précieuses ridicules* et Chrysale de l'*École des femmes*.

Beauval (Jean Pitel, sieur de). — Honnête homme, talent modeste ou médiocre, jouait cependant avec succès les rôles de niais, Diafoirus fils, par exemple, dans le *Malade imaginaire*.

Longchamp (Henri Pitel, sieur de), son frère cadet, marqua assez peu dans la troupe de Molière, joua plus tard les *Crispins*.

La Thorillière (François Le Noir, le père, sieur de). — Gentilhomme et capitaine de cavalerie, mordu du démon du théâtre. Fort bel homme, bon comédien quoique Collé, dans son *Journal*, le traite de grimacier. Il faisait Philinte dans le *Misanthrope,* Trissotin dans les *Femmes sçavantes,* Jupiter dans *Amphitryon,* etc.

Hubert (André), acteur du Marais, engagé par Molière, joua les *travestis,* Mme de Sottenville, Mme Pernelle, Mme Jourdain, d'autres encore. Vécut jusqu'en 1700.

Baron (Michel Bayron, dit). — On l'a appelé le comédien le plus *surprenant* de la scène française (M. Hillemacher). Michel Baron disait de lui-même : « Il faut cent ans pour faire un César;

mais il faudrait dix siècles pour faire un comédien tel que moi! » Excellent dans les rôles tragiques, il fut l'élève de Molière. Ce Baron « l'homme à bonnes fortunes » est celui-là même qui allait réclamer son *bonnet* chez une grande dame qui semblait le méconnaître après avoir passé la nuit avec lui. Il joua Octave dans les *Fourberies de Scapin* et Ariste dans les *Femmes sçavantes*. Le *beau petit baron,* comme on disait, avait aussi représenté l'Amour dans *Psyché*.

LA THORILLIÈRE (Pierre Le Noir, le fils) ne figura guère dans la troupe de Molière que pour jouer un petit Amour dans *Psyché*.

LULLI. — S'étonnera-t-on de trouver le compositeur Lulli parmi les acteurs de la troupe de Molière? Non-seulement Lulli dansa souvent dans les ballets ou cérémonies de Molière, mais, pour amuser le roi et désarmer sa défaveur, Lulli joua le rôle de *M. de Pourceaugnac* et réussit à faire rire Sa Majesté. M. Hillemacher le *catalogue* sous le pseudonyme de Giam. Battista *Chiacchiarone* [1].

---

1. A propos de Lulli, je trouve, dans une publication entreprise par feu Quérard, le bibliographe, et intitulée *le Quérard* (tome II, p. 640), un renseignement qui vaut d'être recueilli sur un factum curieux : *Requeste du sieur Guichard contre les sieurs J.-B. Lully, Sébastien Aubry et consorts, touchant les prétendus empoisonnements supposés contre le dit Guichard*. Il est question là, non seulement de Lulli, mais de *la femme de Molière*. A propos de Lulli, le factum s'exprime ainsi :

« Cet homme n'est pétri que d'ordure et de boue... Le

Molier. — C'est le nom d'un danseur qui représenta un *Maure dansant* dans les *Plaisirs de l'Isle enchantée* de Molière.

Béjart (Marie-Magdeleine), l'aînée des trois filles de Joseph Béjart. — Parisienne, née en 1618 et morte en 1672, un an avant Molière. Jouait Marinette dans le *Dépit amoureux*, Georgette dans

hasard le jeta dans le commun de *Mademoiselle* parmi les galopins ; il sut adroitement se tirer de la marmite avec son archet... Les gazettes étrangères, au sujet d'un méchant feu d'artifice qu'il s'avisa de faire vis-à-vis sa maison en l'année 1674, publièrent partout que, *s'il n'avoit pas réussi dans ce feu là, on réussiroit mieux en celui qu'il avoit mérité en Grève.* »

Et à propos de la femme de Molière :

« La Verdier, la Brigogne, cette prostituée, chanteuse de l'Opéra, *la Molière, cette comédienne de tous les théâtres,* estoient des *créatures publiques de toutes les manières....* »

A la suite de ces citations, je rencontre encore dans le Quérard (p. 641) une note sous forme de lettre, qu'il est peut être bon de citer ici :

Molière copiste. — « A Monsieur Quérard. — Monsieur, les curiosités littéraires sont de votre domaine ; en voici une qui ne vous paraîtra peut-être pas dépourvue d'intérêt.

« Tout le monde connaît le vers de Molière qui termine la fameuse scène de l'*École des femmes*, entre la jeune Agnès et Arnolphe, qui apprend d'elle que le galant s'est introduit dans la maison :

      ... C'est assez ;
Je suis maître, je parle, allez, obéissez!

« Mais ce qui n'a été remarqué par aucun commenta-

l'*Escole des femmes*, Dorine dans *Tartuffe*, Nérine dans *M. de Pourceaugnac*. On la voit aussi *raccommodant* les pièces, par exemple *Don Quichotte* (30 janvier 1666. *Registre* de Lagrange). Elle représentait à la fois les *reines* dans la tragédie et les *soubrettes* dans la comédie.

Hervé-Aubry (Geneviève Béjart), sœur des Béjart, femme du sieur Léonard de Loménie de la Villaubrun, Limousin comme Pourceaugnac; remariée à Aubry, auteur de *Démétrius*. Née en 1624, elle survécut à Molière (morte en 1675). Elle ne se distingua que rarement, mais se distingua réellement dans le rôle de Bélise des *Femmes sçavantes*.

teur et ce qui m'a frappé à la lecture, c'est que ce vers, et même la finale du précédent, se retrouvent mot pour mot dans la 6e scène du 5e acte de *Sertorius* de Pierre Corneille. — Il est très-probable que Molière, qui jouait le rôle d'Arnolphe, a reproduit cette apostrophe véhémente pour imiter ou même parodier le comédien du théâtre du Marais qui y faisait effet*. La similitude complète des deux vers, qui ne sont pas ce qu'on appelle *vers de remplissage*, et la coïncidence des dates (*Sertorius* et l'*École des femmes* parurent la même année) ne paraissent pas pouvoir s'expliquer par le pur hasard.

« Agréez l'expression de tous mes sentiments distingués.

« Frédéric Hillemacher. »

Paris, 5 novembre 1856.

* Voir ce que nous avons dit du talent *d'imitation* de Molière au chapitre intitulé *Molière comédien*.

DE BRIE (Catherine Le Clerc du Rozet, demoiselle), une des maîtresses de Molière. Elle avait épousé Edme Villequin. Actrice d'un talent rare, elle jouait Agnès de l'*Escole des femmes* d'une façon admirable et les *applaudissements ne tarissaient pas*. Mourut en 1706. Elle jouait aussi Mariane dans l'*Avare* et Armande dans les *Femmes sçavantes*.

DU PARC (marquise Thérèse de Gorlas, demoiselle), tragédienne, comédienne et danseuse. — M. Ch. Louandre cite le *Mercure de France* de 1740, qui dit qu'elle faisait certaines cabrioles remarquables pour le temps, *qu'on voyait ses jambes au moyen d'une jupe qui était ouverte des deux côtés, avec des bas de soie, attachés au moyen d'une petite culotte*, ce qui était alors une nouveauté. Racine l'enleva à Molière pour lui faire jouer *Andromaque*. Elle créa Elvire dans *Don Juan* et Arsinoé dans le *Misanthrope*, etc., etc.

LA GRANGE (Marie Ragueneau, demoiselle). — C'est la fille du pâtissier-poëte. Elle était fort laide. Joua Béline dans le *Malade imaginaire*.

DU CROISY (Marie-Claveau, demoiselle), femme de Du Croisy. — Actrice médiocre ; quitta le théâtre de bonne heure. Sa fille, ou plutôt une de ses filles, joua une des Grâces dans *Psyché*, mais n'entra dans la troupe qu'après la mort de Molière.

MOLIÈRE (Armande-Grésinde-Claire-Élisabeth Béjart, demoiselle) ; la plus jeune des filles de Joseph Béjart. — Née vers 1643, morte le 30 novembre 1700. Elle ne joua, sans doute, la comédie qu'après son mariage qui eut lieu le 20 février 1662. Le *Registre* de Lagrange mentionne son nom pour la première fois le 9 juin de cette même année. *Grésinde*, nom emprunté à un roman, fut son nom de théâtre. « Elle avoit la taille médiocre, mais *un air engageant*, » dit Mlle Poisson, en parlant d'elle. Lorsque Molière fut mort, abreuvé de chagrins, la Molière épousa, quatre ans après, le 31 mai 1677, un certain Isaac-François Guérin, sieur d'Estriché ou du Trichet, acteur de la troupe du Marais alors réunie à la troupe du Palais-Royal. Elle expia par lui les légèretés coupables de sa jeunesse. L'enfant qu'elle eut de ce Guérin mourut comme ceux qu'elle avait eus de Molière. La fille de Molière, Madeleine-Esprit, qui survécut cependant à sa mère, « personne grande, bien faite et peu jolie, » se laissa, dit M. Em. Raymond, enlever par M. Claude Rachet de Montalant qui l'épousa et vécut avec elle à Argenteuil, où elle mourut le 23 mai 1723.

MAROTTE (mademoiselle), dite aussi *Marotte Beaupré*, actrice de la troupe du Marais, médiocre comédienne, mais extrêmement jolie, et, dit le gazetier Robinet, *pucelle au par-dessus*, joua Georgette de l'*École des femmes* et la comtesse de la *Comtesse d'Escarbagnas*. Mlle Marotte ayant eu une querelle avec une autre actrice, Mlle Catherine Désurils, Sauval raconte qu'elles se battirent en duel, l'épée à la main : *il a vu le duel*, dit-il.

BEAUVAL (Jeanne-Olivier Bourguignon, demoiselle). Hollandaise abandonnée par ses parents, élevée par une blanchisseuse, mariée à Beauval, applaudie à Paris, morte à soixante-treize ans, après avoir eu vingt-quatre enfants. Joua, entre autres rôles, Nicole du *Bourgeois gentilhomme* et Zerbinette des *Fourberies de Scapin*.

DANCOURT (Thérèse Le Noir de la Thorillière, demoiselle), fille de La Thorillière, créa Œgiale dans *Psyché*.

POISSON (Marie-Angélique Gossot du Croisy, demoiselle). Fille de Du Croisy, femme de Paul Poisson. Reprit le rôle d'Agnès après Mlle de Brie, qui le jouait encore à soixante ans sonnés. Ses *Lettres* au *Mercure de France* (1673, 1722 et 1740) sont curieuses pour l'histoire de Molière.

BEAUBOURG (Louise Pitel de Beauval, demoiselle). — C'est la fille de Beauval. A huit ans, elle joua la petite Louison du *Malade imaginaire*.

BARRILLONET (mademoiselle). — M. Hillemacher ne donne que son portrait, qui est celui d'une femme fort jolie.

A cette liste, où j'ai omis Goudan, qui jouait le petit comte dans la *Comtesse d'Escarbagnas*, M. F. Hillemacher ajoute encore le comédien Ragueneau, sieur de l'Estang (né à Paris en 1617, mort à Lyon en 1654), puis Croisac, Prévost, figurant, et sa femme, receveuse des billets; Phlipote, gagiste qui joua sous son propre nom dans *Tartuffe;* Chasteauneuf, qui créa Argatiphontidas dans *Amphytrion* ; le petit Barillonet ; Bonneau ; Boulonnais ; Finet et Martine, servante de Molière. Toutes ces personnes jouèrent quelque *rôlet* çà et là. Puis on pourrait citer les personnages de la cour et de la noblesse qui ont figuré dans les divertissements de Molière, et tout d'abord *le Roy* qui dansa en *Egyptien* dans le *Mariage forcé* et en *Maure de qualité* dans le *Sicilien*, et Monsieur le Grand, et Madame, et le marquis de Villeroy et Mlle de la Vallière et Mlle de Brancas, et le duc de Guise et le duc de Noailles, et le comte d'Armagnac et M. d'Artagnan, etc., etc. Puis d'autres acteurs encore, chanteurs ou danseurs de profession, Mlle Hylaire, Chicanneau, Beauchamp, Destival, Mayeu, Magny, Noblet, Joubert, Renier, Rebel. La liste serait trop longue. Ce ne sont plus là d'ailleurs que des *comparses*.

Le lecteur connaît, par ce qu'on a dit plus haut, la composition de *la troupe de Molière*.

II

LOUIS XIV ET LES MARIONNETTES.

(*Document inédit.*)

—

Privilége accordé à Dominique de Mormandin, sieur de la Grille, pour ses nouvelles marionnettes, sous le nom de *trouppe royale des Pigmées.*

Louis par la grâce de Dieu roy de France et de Navarre à nos amis et feaux les gens tenans nos cours de Parlement, Maistres des requestes ordinaires de nostre hostel, baillifs, senechaux, prevosts juges, lieutenans et tous autres nos justiciers et officiers qu'il appartiendra, salut.

Nostre bien-aimé Dominique de Mormandin, escuyer, sire de la Grille, nous ayant humblement fait remonstre qu'il a trouvé une nouvelle invention de marionnettes qui ne sont pas seulement d'une grandeur extraordinaire mais mesure représentant des commediens avec des décorations et des machines imitant parfaitement la danse et faisant la voix humaine, lesquelles serviront non-seulement de divertissement au public mais serviront d'instruction pour la jeunesse;

Lui accordons privilége de donner ses représentations pendant le cours de vingt années à dater du présent dans nostre bonne ville et faux bourgs de Paris et par toutes autours telles bourgs et lieux de notre royaume qu'il jugera à propos; deffendant expressement à toute personne de quelque qualité ou condition que ce soit d'apporter audit exposant aucun trouble ou empêchement dans la jouissance du présent privilége, à condition par lui de ne rien faire contre l'honnêteté publique, deffendant à toutes personnes, de quelque qualité ou condition que ce soit, même à celle de nostre maison d'y entrer sans payer, ny d'y faire aucun désordre à peine de punition exemplaire.

Car tel est nostre plaisir.

Donné à Versailles, le 33e jour de Mars l'an de grâce 1675 et de notre règne.

Signé Louis.
(<i>Archives Nationales.</i>)</div>

III

MARIAGE DE MOLIÈRE.

« Du lundy vingtiesme (fevrier 1662), Jean-Baptiste Poquelin, fils de Jean Poquelin et de feue Marie Cresé (*sic*), d'une part, et Armande Grésinde Béiard, fille de feu Joseph Béiard et de Marie Hérué, d'autre part, tous deux de cette paroisse, vis à vis le Palais-Royal, fiancés et mariés tout ensemble, par permission de M. Comtes (*sic*), doyen de Nostre-Dame et grand vicaire de Monseigneur le cardinal de Retz, archevesque de Paris, en présence de Jean Poquelin, père du marié, et de André Boudet, beau-frère dud. marié et de lad^e dame Hérué, mère de la mariée, et Louis Béiard et Madeleine Béiard, frère et sœur de lad: mariée et d'autres, avec dispense de deux bans. (Signé.) »

(Regist. 161 de Saint-Germain-l'Auxerrois, Archives de la ville [1].)

IV

FUNÉRAILLES DE MOLIÈRE.

Pour Monsieur Boyvin, prestre, docteur en théologie, à Saint-Joseph.

« Mardi, 21 fevrier 1673, sur les neuf heures du soir, l'on a fait le convoy de Jean-Baptiste Pocquelin-Moliere, tapissier-valet de chambre, illustre comédien, sans autre pompe, sinon de

---

1. Publié par M. A. Jal.

trois ecclesiastiques ; quatre prestres ont porté le corps dans une bière de bois couverte du poelle des tapissiers ; six enfants bleus portans six cierges dans six chandeliers d'argent ; plusieurs laquais portans des flambeaux de cire allumez. Le corps, pris rue de Richelieu, devant l'hôtel de Crussol, a esté porté au cimetière de Saint-Joseph, *et enterré au pied de la croix*. Il y avoit grande foule de peuple, et l'on a fait distribution de mil à douze cens livres aux pauvres qui s'y sont trouvés, à chacun cinq sols. Ledit Moliere estoit décédé le vendredy au soir, 17 fevrier 1673. M. l'archevesque avoit ordonné qu'il fust ainsi enterré sans aucune pompe, et mesme défendu aux curez et religieux de faire aucun service pour lui.

« Néantmoins l'on a ordonné quantité de messes pour le defunt [1]. »

V

ÉPITAPHES DE MOLIÈRE.

Ci gyst qui parut sur la scène
Le Singe de la Vie Humaine
Qui n'aura jamais son gal;

1. Publié par M. Benjamin Fillon.

Mais voulant de la Mort ainsi que de la Vie
Estre l'imitateur, dans une comédie;
Pour trop bien réussir il réussit fort mal;
    Car la Mort en estant ravie,
    Trouva si belle la copie
    Qu'elle en fit un original.

———

    Cy gist Molière : c'est dommage,
    Il faisoit bien son personnage,
Il excelloit surtout à faire le cocu ;
    En luy seul, à la comédie,
    Tout à la fois nous avons veu
    L'original et la copie.

———

    Cy gist cet heroïque autheur,
    Qui fit d'un sage un imposteur,
    Et des sçavans en medecine,
    Des bourreaux et gens sans doctrine.
    Il n'eut jamais une autre loy
    Que celle qui détruit la foy;
    Il se servit de la coquille
    Et de la mère et de la fille;
    Et ne trouva dedans sa fin,
    Ni Dieu, ni loy, ni medecin.

———

    Les Français rougiront un jour
    De leur peu de reconnoissance;
    Il leur fallut un comedien
Qui mit à les polir son art et son étude.
Mais, Molière, à ta gloire il ne manqueroit rien
Si parmi les deffauts que tu peignis si bien
Tu leur avois repris de leur ingratitude [1].

1. Tiré du *Mercure galant*.

VI

LE JUBILÉ DE MOLIÈRE.

Le Jubilé artistique célébré en mai 1873, en l'honneur de Molière, n'aura pas été la première fête de ce genre. Outre les anniversaires annuels du fondateur de la maison, le Théâtre-Français avait composé, en novembre 1852, une splendide et unique soirée.

Devant un rideau nouveau, représentant le *Parnasse de Raphaël*, on vit défiler, ce soir-là, toutes les célébrités du moment, précédées de la grande Rachel elle-même, vêtue de draperies blanches, une branche d'olivier à la main, pour représenter la muse antique de l'histoire.

Puis venaient :

MM. Samson, en Mascarille ; Geffroy, en Alceste ; Régnier, en Scapin ; Got, en Laflèche ; Delaunay, en Valère ; Mirecourt, en Oronte ; Anselme Bert, en Chrysale ; Deloris, en Cléante.

Mmes Noblet, en Philaminte ; Bonval, en Marinette ; Nathalie, en Arsinoë ; Marquet, en Lucile ; Jouassain, en Bélise.

Il y avait là aussi, mais dans des costumes de fantaisie : Beauvallet, Provost, Brindeau, Leroux,

Maillart, Maubant, Monrose, Fonta, Chéry, Guichard, Didier.

Et du côté des dames : Aug. Brohan, Denain, Rébecca Félix, Mirecourt, Rimblot, Allan, Fix, Moreau-Sainti, Théric, Biron, Savary, Favart.

C'est peut-être cette soirée triomphale qui a donné à M. Ballande l'idée de renouveler à vingt ans de distance la même fête, car lui-même en faisait partie et y parut dans le rôle de *Sextus*.

VII

UN NOUVEL AUTOGRAPHE DE MOLIÈRE.

« *Circonstance assez bizarre, l'on connaît à peine deux lignes authentiques de l'écriture de Molière.* » M. L. Moland écrivait ceci il y a quelques années et, comme tout arrive, au dire de M. de Talleyrand, voici qu'on vient de découvrir à Montpellier, le *plus long* et le plus important des autographes de Molière. En transportant les archives départementales de l'Hérault dans leur nouveau local, l'archiviste a mis la main sur une demi-page de Molière écrite et signée par lui le 24 février 1656. Le dossier où cette précieuse trouvaille a été faite était autrefois classé dans les archives des trésoriers des États provinciaux.

« Cet autographe de Molière est écrit sur une feuille de papier de 21 centimètres de large environ sur 29 de hauteur et occupe la moité supérieure de cette feuille. » Il est ainsi conçu :

« J'ai receu de Monsieur le Pecq thresorier de la bource des Estats du Languedoc la somme de six mille liures a nous accordez par messieurs du Bureau des comptes de laquelle somme ie le quitte faict a Pezenas ce vingt-quatriesme iour de feburier 1656.

« MOLIÈRE ./·

« *Quittance de six mille liures.* »

« L'écriture, dit l'archiviste dans son rapport au préfet, est rapide, nette, large, déliée, élégante ; on sent une main sûre d'elle-même, et déjà imbue des principes graphiques modernes, principes qui ne triomphèrent définitivement de la routine des scribes que vers le milieu du siècle suivant. »

C'est sans doute au prince de Conti que Molière fut redevable de cette somme de 6,000 livres.

Une reproduction *fac-simile* de cet autographe doit prochainement paraître dans un volume consacré à de nouvelles recherches sur Molière, et que la *Société des Bibliophiles languedociens*, fondée à Montpellier en juillet 1872, annonce sous ce titre : *Additions à la vie de Molière*, d'après des documents inédits, précédées d'une lettre de

M. Léon Galibert (Emmanuel Raymond), sur les découvertes qu'il a faites depuis la publication de son livre des *Pérégrinations de Molière en Languedoc*, 1858. (Voyez le *Rapport sur la Découverte d'un autographe de Molière*, présenté à M. le préfet de l'Hérault par M. de la Pijardière, archiviste du département (Montpellier, chez C. Coulet, libraire, 1873.)

Ce M. *L. de la Pijardière* n'est autre que notre confrère, M. Louis Lacour, éditeur des comédies de Molière et de maintes œuvres classiques. Et cette dernière découverte, qui date d'un mois à peine (avril 1873), servira de conclusion naturelle au présent volume. Maintenant à l'œuvre, tous les amis de Molière, pour trouver et déterrer encore du *nouveau!*

TABLE

		Pages.
Préface		1
I.	La semaine de Molière	9
II.	Les débuts de Molière	38
III.	Molière intime	59
IV.	Les grandes comédies	89
V.	Molière comédien	114
VI.	Les calomniateurs de Molière	129
VII.	Les portraits de Molière	148
VIII.	Conclusion	167
Appendice		176

IMPRIMÉ PAR J. CLAYE

pour

ALPHONSE LEMERRE, LIBRAIRE

A PARIS

www.ingramcontent.com/pod-product-compliance
Lightning Source LLC
Chambersburg PA
CBHW071951110426
42744CB00030B/739